中华人民共和国行业推荐性标准

公路排水设计规范

Specifications for Drainage Design of Highway

JTG/T D33—2012

主编单位：中交路桥技术有限公司
批准部门：中华人民共和国交通运输部
实施日期：2013 年 03 月 01 日

人民交通出版社

图书在版编目(CIP)数据

公路排水设计规范:JTG/T D33—2012/中交路桥技术有限公司主编. --北京：人民交通出版社，2013.1
ISBN 978-7-114-10337-7

I.①公… Ⅱ.①中… Ⅲ.①道路工程—排水工程—设计—规范 Ⅳ.①U412-65

中国版本图书馆CIP数据核字(2013)第014348号

中华人民共和国行业推荐性标准
公路排水设计规范
JTG/T D33—2012

中交路桥技术有限公司 主编
人民交通出版社出版发行
(100011 北京市朝阳区安定门外外馆斜街3号)
各地新华书店经销
北京市密东印刷有限公司印刷
开本:880×1230 1/16 印张:4.5 字数:96千
2013年1月 第1版
2025年3月 第8次印刷
定价:40.00元
ISBN 978-7-114-10337-7

中华人民共和国交通运输部

公 告

2012 年第 74 号

交通运输部关于发布
《公路排水设计规范》的公告

现公布《公路排水设计规范》(JTG/T D33—2012),作为公路工程行业推荐性标准,自 2013 年 3 月 1 日起施行,原《公路排水设计规范》(JTJ 018—97)同时废止。

该规范的管理权和解释权归交通运输部,日常解释和管理工作由主编单位中交路桥技术有限公司负责。

请各有关单位在实践中注意总结经验,及时将发现的问题和修改意见函告中交路桥技术有限公司(地址:北京市东城区安定门外大街丁 88 号江苏大厦,邮政编码:100011),以便修订时参考。

特此公告。

中华人民共和国交通运输部
2012 年 12 月 28 日

交通运输部办公厅　　　　　　　　　　　　　　　　2013 年 1 月 4 日印发

前 言

《公路排水设计规范》(JTJ 018—97)(以下简称原规范)自颁布实施以来,对减少路基路面及公路构造物水损害,提高公路耐久性发挥了重要作用。随着公路建设的发展、公路排水技术水平的提高、新材料的出现以及工程经验的积累,规范部分内容需修订完善,以更好地满足工程建设需要。根据交通运输部《关于下达2009年度公路工程标准制修订项目计划的通知》(交公路发〔2009〕190号)要求,由中交路桥技术有限公司作为主编单位,对原规范进行修订。

编写组在总结近年来的工程实践经验和科研成果的基础上,通过大量调研,充分吸收了近年来排水工程的建设经验,广泛征求了业内有关单位和专家的意见,完成了《公路排水设计规范》(JTG/T D33—2012)(以下简称本规范)的编制工作。

本规范由九章、三个附录构成,主要内容包括总体要求、路界地表排水、路面内部排水、路界地下排水、公路构造物、下穿道路及沿线设施排水、特殊地区及特殊路段排水、水文与水力计算等。较原规范主要变化有:

(1)增加了"总体要求"一章,对公路排水设计的总体要求和设计内容进行了系统的规定;

(2)将原规范中水文计算与水力计算的内容合并为一章,补充了地下排水设施的流量计算和水力计算方面的内容;

(3)细化了对路界地表排水设计和路面内部排水设计的规定;

(4)增加了对隧道、沿线设施及水环境敏感路段等排水设计的规定;

(5)增加了对部分特殊地区和特殊路段排水设计的规定。

请有关单位在执行中,将发现的问题和建议函告中交路桥技术有限公司(地址:北京市东城区安定门外大街丁88号江苏大厦,邮编:100011),以便下次修订时参考。

主 编 单 位:中交路桥技术有限公司
参 编 单 位:中交第一公路勘察设计研究院有限公司
　　　　　　中交第二公路勘察设计研究院有限公司
主要起草人:刘伯莹　丁小军　吴万平　关彦斌
　　　　　　李　刚　阮艳彬　姚晓阳

目 录

1 总则 ... 1
2 术语和符号 ... 2
 2.1 术语 ... 2
 2.2 符号 ... 3
3 总体要求 ... 5
4 路界地表排水 ... 7
 4.1 一般规定 ... 7
 4.2 路面表面排水 ... 7
 4.3 中央分隔带排水 ... 9
 4.4 超高段排水 ... 10
 4.5 坡面排水 ... 10
5 路面内部排水 ... 13
 5.1 一般规定 ... 13
 5.2 路面边缘排水系统 ... 14
 5.3 排水基层 ... 16
 5.4 排水垫层 ... 17
6 路界地下排水 ... 18
 6.1 一般规定 ... 18
 6.2 地下水勘察 ... 18
 6.3 地下排水设施 ... 20
7 公路构造物、下穿道路及沿线设施排水 ... 24
 7.1 桥面排水 ... 24
 7.2 桥(涵)台和支挡构造物排水 ... 25
 7.3 隧道排水 ... 26
 7.4 下穿道路排水 ... 29
 7.5 沿线设施排水 ... 30
8 特殊地区及特殊路段排水 ... 32
 8.1 多年冻土地区 ... 32
 8.2 膨胀土地区 ... 33
 8.3 黄土地区 ... 34
 8.4 盐渍土地区 ... 34

8.5 滑坡路段	35
8.6 水环境敏感路段	36
9 水文与水力计算	**39**
9.1 水文计算	39
9.2 沟和管的水力计算	44
9.3 泄水口水力计算	47
9.4 地下排水设施水力计算	50
附录A 各种排水构造物用圬工材料强度要求	56
附录B 各种沟管的水力半径和过水断面面积计算表	57
附录C 开口式泄水口截流率计算诺漠图	59
本规范用词用语说明	62

1 总则

1.0.1 为防止地面水和地下水对公路的损害,保证结构稳定、行车安全,制定本规范。

1.0.2 本规范适用于新建和改扩建各等级公路的排水设计。

1.0.3 路界内排水设施应统筹规划,合理布局,与路界外排水系统和设施合理衔接。

1.0.4 公路排水设计应重视环境保护和水土保持,防止水体污染。

1.0.5 公路排水设计应在不断总结实践经验和科研成果的基础上,积极采用新技术、新材料和新工艺。

1.0.6 公路排水设计除应符合本规范外,尚应符合国家现行有关标准的相关规定。

2 术语和符号

2.1 术语

2.1.1 公路排水系统 drainage system
由拦截、汇集、输送、排放公路用地范围内地表水和地下水的设施组成的系统。

2.1.2 拦水带 dike
沿硬路肩或路面外侧边缘设置,拦截路表面水的带状结构物。

2.1.3 反滤层 filter layer
保证水流通过,并防止水流带走土中的细颗粒堵塞排水设施的过滤层。

2.1.4 蒸发池 evaporation pond
设置在路界范围外,暂时储存路界内排除水,并使之通过蒸发等方式排除的水池。

2.1.5 渗沟 underdrains
在地面下或路基内设置,汇集、排除地下水或路基内水的沟状结构物。

2.1.6 渗井 percolation well
竖直设置于地下,汇集、排除地表水或地下水的竖井状结构物。可用透水材料填充。

2.1.7 暗沟 blind drain
设在地面以下或路基内,引导水流排出路界范围的沟状结构物。无渗水和汇水功能。

2.1.8 水环境敏感路段 sensitive section of water environment
路线穿越要求排放水质为不低于现行《地表水环境质量标准》(GB 3838)中Ⅳ类水质标准区域的路段,或穿越要求排放水质为不低于现行《海水水质标准》(GB 3097)中的第三类水质标准海域的路段。其中穿越要求水质不低于Ⅱ类区域或第一类海域的路段为水环境强敏感路段;要求水质不低于Ⅲ类区域或第二类海域的路段为水环境中敏感路段;要求水质不低于Ⅳ类区域或第三类海域的路段为水环境弱敏感路段。

2.1.9 径流系数　coefficient of runoff
径流量占总降水量的百分率。

2.1.10 设计径流量　design rate of runoff
由设计降雨重现期和降雨历时的降雨引起的设计点径流量。

2.1.11 设计降雨重现期　design recurrence interval of rainfall
某一预期强度的降雨重复出现的平均周期。

2.1.12 汇流历时　time of concentration
径流从汇水区内最远点(按水流时间计)流至设计点所需的时间。

2.1.13 降雨历时　time of rainfall
降雨引起的径流由汇水区最远点到设计控制点的汇流时间,其值为由汇水区最远点到排水设施处的坡面汇流历时和在沟或管内由入口到控制点的沟管汇流历时之和。

2.1.14 重现期转换系数　converting factor of recurrence interval
设计降雨重现期的降雨强度与某一标准重现期的降雨强度的比值。

2.1.15 降雨历时转换系数　converting factor of rainfall duration
设计降雨历时的降雨强度与某一标准降雨历时的降雨强度的比值。

2.2 符号

2.2.1 路面内部排水

Q_p——纵向每延米行车道路面表面水渗入量;

Q_{cb}——纵向每延米排水基层的泄水能力;

K_c——每延米水泥混凝土路面接缝或裂缝的表面水设计渗入率;

K_a——每平方米沥青路面的路面表面水设计渗入率;

i_h——横坡坡度;

i_z——纵坡坡度;

B——单向坡度路面的宽度;

k_b——排水基层的渗透系数。

2.2.2 地表径流量

Q——设计径流量；
F——汇水面积；
$q_{p,t}$——设计重现期和降雨历时内的平均降雨强度；
ψ——地表径流系数；
P——设计重现期；
t——降雨历时；
v——沟管平均流速；
c_p——重现期转换系数；
c_t——降雨历时转换系数。

2.2.3 沟和管的水力计算

Q_c——泄水能力；
Q_0——泄水口泄水量；
A——过水断面面积；
I——水力坡度；
n——沟壁或管壁粗糙系数；
ρ——过水断面的湿周；
R——水力半径；
h——沟或过水断面的水深。

2.2.4 地下排水设施水力计算

Q_s——单位长度渗沟一侧沟壁的地下水渗入量或单位长度渗井的流量；
L_s——地下水位受渗沟影响而降落的水平距离；
L_l——两相邻渗沟间距之半；
h_c——含水层内地下水位的高度；
h_s——渗沟位置处地下水位的下降幅度；
k_h——含水层材料的渗透系数。

3 总体要求

3.0.1 公路排水系统的设置应以保障结构稳定和行车安全为目的。系统中的路界地表、路面内部及路界地下排水设施间应互相衔接与协调,保证公路排水系统的有效性和耐久性。

3.0.2 公路排水设计应包括排水系统总体设计、水文调查与计算、排水设施结构形式和材料选择、水力计算等内容。

3.0.3 公路排水系统总体设计应在全面调查沿线水文、气象、地形、地质、环境敏感区等建设条件的基础上,根据公路功能、等级,确定排水设计原则,划分排水段落,分段确定路线和主要构造物排水方案和排水路线,完成排水系统布置图。

3.0.4 公路排水系统的总体设计应在公路总体设计中同步完成,工程条件简单、不进行总体设计的公路工程,宜单独对排水系统进行总体设计。

3.0.5 公路排水系统应与主体工程及自然环境相适应。设计中应注重各种排水设施的功能和相互之间的衔接,防、排结合,形成完善的排水系统。

3.0.6 公路排水设计应避免冲毁农田及水利设施。

3.0.7 穿越城镇的公路排水设施应与城镇现有或规划的排水系统相协调。

3.0.8 排水设施的结构应安全耐久、经济合理,便于施工、检查和养护维修。

3.0.9 施工临时性排水设施宜与永久性排水设施相结合。

3.0.10 冰冻区地面排水设施应耐冰冻、耐盐蚀;地下排水设施应置于当地最大冻深线以下,无法满足时,应采取保温措施。

3.0.11 公路路线设计应做好综合规划,降低下穿道路排水难度。路线设计高程低于临近水体时,应进行专门的防排水设计,保证安全。

3.0.12 桥面应设置完善的排水设施,应重视桥面防水层、黏结层的设置和材料选择。

3.0.13 隧道排水设计应采取防、排、截、堵相结合的综合措施,隧道内外应形成完整的排水系统。

3.0.14 多年冻土、膨胀土、黄土、盐渍土及滑坡等路段,应将排水系统作为处治措施的组成部分,进行综合设计。

3.0.15 公路经过水环境敏感路段时,应采取相应的路(桥)面等水收集、处理措施。

3.0.16 蒸发池与路基边沟外缘的距离不得小于5m,且应设置隔离网、踏步等安全防护设施。蒸发池的设计水位应低于排水沟沟底高程,池的容积应能满足及时完成渗透和蒸发的要求。多年冻土、黄土等对蒸发池设置有特殊要求的地区,应进行特殊设计。

3.0.17 路侧公路排水设施的形式选择应与安全设施设置紧密配合。路堑段排水边沟宜采用浅碟形或带盖板的边沟,采用敞开式深边沟时路侧应设置护栏。

3.0.18 公路排水设施不应兼做其他非公路排水用途。

4 路界地表排水

4.1 一般规定

4.1.1 路界地表排水可包括路(桥)面表面、中央分隔带、坡面和由公路毗邻地带或交叉道路流入路界内的表面水的排除。

4.1.2 路界地表排水应采取防、排、截相结合的综合措施,并应做好与桥涵、隧道等排水系统的衔接。路界地表水不宜流入桥面、隧道内。不宜利用隧道内部排水系统排除路界地表水。

4.1.3 路界地表排水设施的布设应充分利用地形和天然水系,做好进出口位置的选择和处理;避免出现堵塞、溢流、渗漏、淤积、冲刷等现象,危害路基、路面和毗邻地带。

4.1.4 路界地表排水设施的地基应密实稳定,结构形式应与地基条件相匹配。必要时,应采取有效措施防止地基变形引起的排水设施破坏。

4.1.5 路界地表排水设计应与坡面防护工程设计综合考虑。应采取有效措施防止坡面岩土由于冲刷导致失稳。

4.1.6 路界地表排水设施的设计流量及沟管、泄水口的泄水能力应按第9章确定,沟管与泄水口的断面形状、尺寸、间距应根据设计流量确定。

4.1.7 路界地表排水设施所用材料的强度应不低于附录A的要求。

4.2 路面表面排水

4.2.1 路面表面排水设计应符合以下规定:
 1 路堑地段路面表面水应通过横向排流的方式汇集于边沟内。
 2 路堤较高且边坡坡面未作防护,或坡面虽有防护措施但仍有可能受到冲刷的路段,应采用路面集中排水系统排除路表水。

3 路线纵坡平缓、汇水量不大、路堤较低且边坡坡面不易受到冲刷的路段,以及设置了具有截、排水功能的骨架护坡的高填方路段,可采用路面横向分散漫流排水方式排除路表水。

4 设置拦水带汇集路表水时,高速公路及一级公路的设计积水宽度不得超过右侧车道外边缘;二级及二级以下公路不得超过右侧车道中心线。当硬路肩宽度较窄、汇水量大或拦水带形成的过水断面不足时,可采用沿土路肩设置 U 形路肩边沟等措施加大过水断面。路肩边沟宜采用水泥混凝土等预制件铺筑。

5 采用路面横向分散漫流方式排除路表水时,宜对土路肩及坡面进行加固。

条文说明

设置拦水带后,路面表面水会汇集在拦水带过水断面内而形成积水,如过水断面内的积水侵入行车道路面,会对行车的安全性造成不利影响。因此,条文对设置拦水带时的积水宽度作出规定。

采用横向分散漫流方式排除路表水,土路肩加固后,易在土路肩与坡面交界处产生冲刷,因此要求对坡面一并进行加固。

4.2.2 路肩拦水带宜采用水泥混凝土、沥青砂或当地其他材料预制或现场浇筑。在季冻区及受盐侵蚀破坏的路段,宜采用现浇沥青砂、花岗岩、陶瓷预制件等耐冻、耐盐蚀材料。拦水带宜采用梯形横断面。

条文说明

在季冻区地区,由于冻融循环以及融雪剂的腐蚀作用,水泥混凝土拦水带冻害较为严重,影响拦水功能,因此要求采用耐冻性好、耐盐蚀的材料。

4.2.3 拦水带泄水口的间距应根据过水断面水面漫盖宽度的要求和泄水口的泄水能力按第 9 章计算确定,宜为 25～50m;高速公路、一级公路车道较多时,宜采用较小的泄水口间距。在凹形竖曲线底部、道路交叉口、匝道口、与桥涵构造物连接、填挖交界等处应设置拦水带泄水口。凹形竖曲线的底部应加密设置泄水口。

4.2.4 拦水带泄水口宜设置成喇叭口式。设在纵坡较大坡段上的泄水口,宜采用不对称的喇叭口式,喇叭口上游方向与下游方向的长度之比不宜小于 3:1,上游方向渐变段最小半径不宜小于 900mm,下游方向最小半径不宜小于 600mm。

条文说明

拦水带泄水口做成对称式便于施工,但在纵坡较大的路段上,非对称式泄水口水流顺畅,泄水能力优于对称式。因此,推荐设在纵坡较大路段上的泄水口采用非对称式。

4.3 中央分隔带排水

4.3.1 中央分隔带表面未采用铺面封闭时,分隔带内部宜设置由防水层、纵向排水渗沟、集水槽和横向排水管等组成的防排水系统,如图4.3.1所示。宽度大于3m的中央分隔带表面宜设置成浅碟形,横向坡度宜为1:4~1:6。

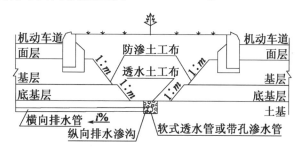

图4.3.1 不铺面中央分隔带防排水系统示意图

条文说明

降雨量较大地区,中央分隔带未设置完善的防排水设施的路段,降雨渗入后不能及时排除,会造成路基土含水率过大等不利影响,降低路基路面承载能力,在季冻区还会加剧冻害。因此,对中央分隔带防排水设计作出具体要求。

4.3.2 中央分隔带排水渗沟宜设置在通信管道之下,渗沟顶面与回填土之间应设置反滤层,渗沟两侧及底部应设置防水层。宜采用管式渗沟,渗沟材料及设计应符合第6章有关规定。横向排水管宜采用直径为100~200mm的塑料管。

4.3.3 降雨量较小、中央分隔带较窄时,中央分隔带可采用表面铺面封闭分散排水。分隔带铺面应采用两侧外倾的横坡,坡度宜与路面横坡度相同,铺面材料可采用沥青处治材料或其他封闭材料,如图4.3.3所示。

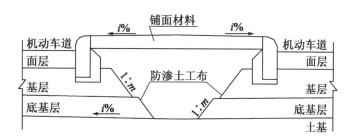

图4.3.3 设铺面中央分隔带防排水系统示意图

4.3.4 中央分隔带回填土与路面结构之间应设置防水层。

4.4 超高段排水

4.4.1 超高段外侧排水,可根据降雨量及路面宽度,采取经内侧路面排除或设置地下排水设施排除的方案,并应符合以下规定:

1 年降水量小于 400mm 的地区,双向四车道公路,可采用在中央分隔带设开口明槽方案,路面水流经内侧路面排除。

2 年降水量大于或等于 400mm 的地区,或车道数超过四车道,外侧路面水宜通过地下排水系统排除。

条文说明

超高段外侧路面表面水通过中央分隔带流经内侧半幅路面排泄时,经济性和结构可靠性都优于地下排水,但对行车会造成一定的影响,各地对影响程度的接受水平也存在差异。我国双向四车道高速公路采用开口明槽方案的,主要集中在西北、内蒙古和东北西北部地区。这些地区根据使用经验认为,这种排水方法在当地一般降雨时对内侧的行车安全影响不明显,大暴雨时,车辆实际运行速度很低,不会因为表面排水影响安全,多数主张采用表面排水。考虑到这些地区年降水量基本小于 400mm,所以条文允许在年降水量小于 400mm 地区采用表面排水。

4.4.2 超高路段的地下排水系统应由纵向集水沟(管)、集水井、检查井、横向排水管、急流槽等组成。

4.4.3 纵向集水沟(管)、集水井及检查井等排水设施应在中间带内设置,不得侵入行车道。

4.4.4 纵向集水沟(管)可采用缝隙式集水沟(管)、碟形浅沟或设带孔盖板的矩形沟等形式。沟底纵坡宜与路线纵坡一致,且不应小于 0.3%。

4.4.5 集水井的形式、数量和间距应根据超高路段的外侧半幅路面汇水面积、流量及出水口的泄流能力确定。集水井的间距宜为 20~50m,纵向集水沟(管)串联集水井的个数不宜超过 3 个。路线纵坡小于 0.3% 的路段,可增加集水井数量。

4.4.6 纵向集水沟、集水井及检查井等的盖板材料应采用钢筋混凝土、铸铁或钢筋加强的复合材料,材料强度和盖板厚度应根据设计汽车荷载等级计算确定。

4.5 坡面排水

4.5.1 挖方、低路堤及路界范围地面低于路界外侧地面的填方路段,应在挖方边坡或填方边坡坡脚外设置边沟汇集和排泄降落在坡面和路面上的表面水。

4.5.2 边沟横断面形式应根据排水需要以及对路侧安全与环境景观的协调等选定,可采用三角形、浅碟形、梯形或矩形等形式。高速公路、一级公路挖方路段的矩形边沟,在不设护栏的地段,应设置带泄水孔的钢筋混凝土盖板或钢筋加强的复合材料盖板。

4.5.3 边沟的纵坡坡度应结合路线纵坡、地形、土质、出水口位置等情况选定,宜与路线纵坡坡度一致,且不宜小于0.3%,困难情况下,不应小于0.1%。当路线纵坡坡度小于沟底最小不淤积纵坡坡度时,边沟宜采用沟底最小不淤积纵坡坡度,并缩短边沟出水口的间距。

4.5.4 边沟出水口的间距,应结合地形、地质条件以及桥涵和天然沟渠位置,经水力计算确定。梯形、矩形边沟不宜超过500m,多雨地区不宜超过300m;三角形和碟形边沟不宜超过200m。

4.5.5 挖方路段或斜坡路堤上方流入路界的地表径流量大时,应设置拦截地表径流的截水沟。深路堑或高路堤坡面径流量大时,可在边坡中部设置平台排水沟,减少坡面冲刷。

4.5.6 截水沟应结合地形和地质条件设置,宜布设在路堑坡顶5m或路堤坡脚2m以外,可采用梯形或矩形断面。截水沟长度超过500m时,宜在中间适宜位置处增设泄水口,通过急流槽(管)分流引排,泄水口间距以200～500m为宜。当截水沟或急流槽对行车产生视觉冲突或影响路域环境景观时,可利用地势或采用灌木遮蔽。

4.5.7 在路堤和路堑坡面或者坡面平台上向下竖向集中排水时,宜设置急流槽(管);边沟、截水沟、排水沟纵坡很大时,可设置急流槽(管)减小纵坡。急流槽(管)的进水口与沟渠泄水口之间宜采用喇叭口形式连接,并作铺砌处理,出水口处应设消能设施。急流槽底面宜设置防滑平台或凸榫。

4.5.8 陡坡或沟谷地段的排水沟,宜设置跌水等消能结构物,避免其出口下游的桥涵、自然水道或农田受到冲刷。

4.5.9 急流槽可采用矩形断面等形式,槽深不应小于0.2m,槽底宽度不应小于0.25m。采用浆砌片石时,矩形断面槽底厚度不应小于0.2m,槽壁厚度不应小于0.3m。

4.5.10 跌水槽横断面可采用矩形断面,断面尺寸要求与急流槽相同。对不设消力池的跌水,台阶高度与长度之比应与原地面坡度相吻合,且台阶高度不宜大于0.6m;带消力池的跌水的高度与长度之比也应结合原地面的坡度确定,单级跌水墙的高度不宜小于1.0m,消力槛高度不宜小于0.5m,消力槛与跌水墙的距离不宜小于5m。

4.5.11 边沟、截水沟、排水沟、急流槽等的横断面尺寸应根据设计流量、沟底纵坡、沟壁材料、出水口间距,按第9章的规定计算确定。沟槽顶面高度应高出设计水位不小于0.1m。

4.5.12 沟壁材料的抗冲刷能力应与沟内水流速度相适应。

4.5.13 设置在土质、软质岩、全风化及强风化硬质岩石地段的边沟、截水沟、排水沟,应采取防渗处理措施。

4.5.14 地形平缓无固定沟槽的山前冲积扇、戈壁滩、草原及其他漫流地区,应按分片泄洪的原则在桥涵上下游地段设置必要的导流设施。桥涵进水口上方的坡面宜设置人字形导流堤,长度不宜小于30m;桥涵出水口下方的坡面可设置导流堤或扇形铺砌,长度不宜小于20m。导流堤应与桥涵相衔接。

5 路面内部排水

5.1 一般规定

5.1.1 路面内部排水系统可由路面边缘排水系统、排水基层或排水垫层单独或组合构成。

5.1.2 遇有下列情况之一时，宜设置路面内部排水系统：
1 年降水量为 600mm 以上的湿润多雨地区，路床由渗透系数不大于 10^{-4} mm/s 的细粒土填筑的高速、一级或重要的二级公路。
2 路基两侧有滞水，可能渗入路面结构内。
3 重冰冻地区，路床为粉性土的潮湿路段。
4 现有公路路面改建或路基改善工程，需排除积滞在路面结构内的水。

条文说明

路面结构内的积滞水如不能迅速排除，会对路面产生不利影响。影响路面内自由水积滞及排除的条件包括降水、两侧滞水、路基冻融水和旧路面结构内的滞留水及路基土的透水性等。据此，对推荐设置路面内部排水系统的条件作出了规定。

5.1.3 路面内部排水设计应符合以下规定：
1 路面内部排水系统中各种排水设施的设计排泄量均应不小于路面表面水渗入量的2倍，下游排水设施的泄水能力应超过上游排水设施的泄水能力。
2 排水设施应能避免被渗流从路面结构、路基或路肩中带来的细颗粒堵塞。
3 系统的排水功能不应随时间很快降低。

5.1.4 路表面渗入路面结构的水量大，仅设置路面边缘排水系统难以迅速排除时，可在面层下设置排水基层。地下水丰富的低填和挖方路段的路基顶面应设置排水垫层。

5.1.5 行车道路面表面水渗入路面结构的量，可按路面类型分别由下列公式计算确定：

水泥混凝土路面 $\qquad Q_\mathrm{p} = K_\mathrm{c}\left(n_\mathrm{z} + n_\mathrm{h}\dfrac{B}{L_\mathrm{c}}\right)$ (5.1.5-1)

沥青路面 $\qquad Q_\mathrm{p} = K_\mathrm{a}B$ (5.1.5-2)

式中：Q_p——纵向每延米行车道路面表面水渗入量[m³/(d·m)]；

K_c——每延米水泥混凝土路面接缝或裂缝的表面水设计渗入率[m³/(d·m)]，可取为 0.36m³/(d·m)；

K_a——每平方米沥青路面的表面水设计渗入率[m³/(d·m²)]，可取为 0.15m³/(d·m²)；

B——单向坡度路面的宽度(m)；

L_c——水泥混凝土路面的横缝间距(即板长)(m)；

n_z——B 范围内纵向接缝的条数(包括路面与路肩之间的接缝)；对不设置中央分隔带的双向横坡路段，公路路脊处的接缝(全幅中间接缝)按 0.5 条计；对设置中央分隔带的非超高路段，路面与中央分隔带间的接缝按 1 条计；

n_h——L_c 范围内横向接缝和裂缝的条数。

5.2 路面边缘排水系统

5.2.1 路面边缘排水系统应沿路面结构外侧边缘设置，宜由透水性填料集水沟、纵向排水管、横向出水管和过滤织物等组成，如图 5.2.1 所示。

图 5.2.1 边缘排水系统示意图(尺寸单位：mm)

1-面层；2-基层；3-垫层；4-路肩面层；5-集水沟；6-排水管；7-出水管；8-反滤织物；9-回填路肩面层

5.2.2 集水沟的断面尺寸应根据透水材料的渗透系数和设计泄水能力需要确定。集水沟底面的最小宽度，对于新建路面，不宜小于 0.3m；对于旧路面新增边缘排水系统，应能保证排水管两侧各有至少 0.1m 宽的透水填料。透水填料底面和外侧应铺反滤织物。

5.2.3 透水性填料宜采用水泥处治开级配碎石，其空隙率宜为 15%～20%。粗集料最大粒径不应大于 31.5mm，粒径 4.75mm 以下的细粒含量不应超过 16%，2.36mm 以下的细粒含量不应超过 6%。集料在通过率为 15% 时的粒径应为排水管槽口宽或孔口直径的 1.0～1.2 倍。水泥处治集料的配合比，应按透水性要求和施工要求通过试配确定，水泥同集料的比例可为 1:6～1:10，水灰比可为 0.35～0.47。

条文说明

由于集水沟宽度较小,集料压实困难,而集水沟又位于靠近路面边缘的路肩面层下,承受车轮荷载的概率较高,如采用松散集料,易引起变形,造成路肩的过早损坏,因此,推荐采用水泥处治材料,降低破坏发生的可能性。规定集料粒径的目的是避免带孔排水管被堵塞。

5.2.4 纵向带孔排水管管径应按设计流量根据水力计算确定,宜在70~150mm范围内选用。管材强度及埋设深度应保证不被车辆或施工机械压坏。新建路面时,排水管管底宜与基层底面齐平;旧路面新增边缘排水系统时,管中心应低于基层顶面。排水管的纵坡宜与路线纵坡相同,且不宜小于0.3%。

5.2.5 纵向排水管宜选用聚氯乙烯(PVC)或聚乙烯(PE)塑料管,每延米排水管的开口总面积不宜小于4 200mm^2。宜设3排槽口或孔口,沿管周边等间隔(120°)排列。设槽口时,槽口的宽度可为1.3mm,长度可为15mm;设孔口时,孔的直径可为5mm。

5.2.6 横向出水管管径应不小于纵向排水管管径,其间距和安设位置应根据水力计算,并结合邻近地面高程和公路纵横断面情况确定,横向坡度不宜小于5%。除了起端和终端外,中间段的出水管宜采用双管的布置方案;出水管与排水管之间应采用圆弧形承口管联结,圆弧半径不宜小于300mm,如图5.2.6所示。埋设出水管应采用反开槽法,并用低透水材料回填。出水管的外露端头应采取用镀锌铁丝网或格栅罩住等措施;出水口的下方应采取铺设水泥混凝土防冲刷垫板或者对泄水道的坡面进行浆砌片石防护等措施,防止冲刷路基边坡。出水水流应引排至排水沟或涵洞内。

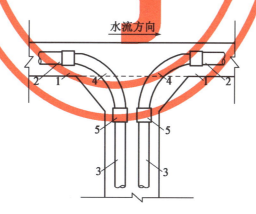

图5.2.6 边缘排水系统出水管布置示意图
1-集水沟;2-排水管;3-出水管;4-半径不小于300mm的弯管;5-承口管

条文说明

排水管管径和出水管间距是影响系统泄水能力的两个主要变量,设计时二者应结合在一起考虑。同时,排水管和出水管的管径不宜过小,出水管的间距不宜过长,以免管内堵塞并便于疏通。因此,对管径和出水管间距作出规定。

5.3 排水基层

5.3.1 透水性排水基层应直接设置在面层下,排水基层下应设置不透水层阻截自由水的下渗。排水基层可采用横贯路基整个宽度的形式,也可采用在排水基层边缘设置边缘排水系统的形式。边缘排水系统的设置应符合5.2节的规定。

5.3.2 排水基层可采用水泥或沥青处治的不含或含少量粒径4.75mm以下细料的开级配碎石材料,也可采用未经结合料处治的开级配碎石材料,并应符合以下规定:

1 集料应选用洁净、坚硬的碎石,其压碎值不得大于28%。采用沥青处治时,最大公称粒径宜为16mm;采用水泥处治时,最大公称粒径宜为19mm;最大公称粒径不得超过层厚的2/3。粒径4.75mm以下细料的含量不得大于10%。混合集料级配应满足透水性要求,且渗透系数不得小于300m/d。

2 水泥处治碎石集料的水泥用量不得少于160kg/m³,其7d浸水抗压强度不得低于3MPa。沥青处治碎石集料的沥青用量可为集料烘干质量的2.5%~4.5%。

3 渗透系数可采用常水头或变水头渗透试验测定。

4 水泥混凝土面层的排水基层,宜采用水泥处治开级配碎石。沥青混凝土路面的排水基层,宜采用沥青处治碎石。

条文说明

未经水泥或沥青处治的开级配碎石,在施工摊铺时易出现离析,在碾压时不易压实稳定,并且易在施工机械行驶下出现推移变形,因此,推荐采用经处治的开级配碎石作为排水基层。

5.3.3 排水基层厚度 H_b 应根据所需排放的水量和基层材料的渗透系数,通过式(5.3.3)计算确定,并满足最小厚度的要求。采用沥青处治碎石时,最小厚度不得小于60mm;采用水泥处治碎石时,最小厚度不得小于80mm;采用级配碎石时,最小厚度不得小于120mm。排水基层的宽度应根据面层施工需要确定,宜超出面层宽度300~900mm。

$$H_b \geq \frac{Q_{cb}}{k_b i_h} \tag{5.3.3}$$

式中:Q_{cb}——纵向每延米排水基层的泄水能力[m³/(d·m)];

k_b——排水基层设计渗透系数(m/d);

i_h——基层横坡。

5.3.4 渗入水在路面结构内的最大渗流时间,冰冻地区不应超过1h,其他地区不应超过2h。渗入水在排水基层内的渗流时间可按式(5.3.4-1)计算确定：

$$T \approx 0.69 \frac{n_e L_t}{k_b J_0} \qquad (5.3.4\text{-}1)$$

其中

$$L_t = B\sqrt{1 + \frac{i_z^2}{i_h^2}} \qquad (5.3.4\text{-}2)$$

式中：T——渗流时间(h)；

n_e——排水基层的有效空隙率；

L_t——渗流路径长(m)；

k_b——排水基层的渗透系数(m/s)；

J_0——路面合成坡度；

i_z——基层纵坡。

5.4 排水垫层

5.4.1 排水垫层宜采用横贯路基整个宽度的形式，也可采用结合边缘排水系统的形式，其厚度不宜小于0.15m。路基为路堑或半路堑时，挖方坡脚处还应设置纵向集水沟和排水管，如图5.4.1所示。

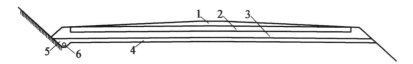

图5.4.1 排水垫层排水系统示意图
1-面层；2-基层；3-垫层；4-排水垫层；5-集水沟；6-排水管

5.4.2 排水垫层宜选用开级配集料(砂或砂砾石)，其级配应满足以下要求：

$$5d_{15} \leqslant D_{15} \leqslant 5d_{85}$$
$$D_{50} \leqslant 25d_{50}$$
$$D_{60}/D_{10} \leqslant 20$$

式中：D_x——开级配集料在通过率为$x\%$时的粒径(mm)；

d_x——路基土级配在通过率为$x\%$时的粒径(mm)。

条文说明

排水垫层材料需要同时满足透水和反滤的要求，因此对级配要求较严格。根据反滤准则，并结合工程经验，提出了对排水垫层级配的要求。

6 路界地下排水

6.1 一般规定

6.1.1 当地下水影响路基稳定或强度时,应设置暗沟、渗沟、渗井、渗水隧道或仰斜式排水管等地下排水设施,拦截、引排含水层的地下水,降低地下水位或疏干坡体内地下水。

6.1.2 应通过工程地质和水文地质调查、勘察,查明地下水的类型、补给来源、活动规律及其他有关水文地质参数,勘察成果应满足路界地下排水设计的需要。对含水地层或地下水富集带宜进行专门的调查和勘测。

6.1.3 地下排水设施应具有足够强度,能承受来自包括排水设施及路基路面施工的施工荷载、路面结构静载、行车荷载及路基变形或周围环境影响等产生的作用。

6.1.4 地下排水设施应采取反滤措施,防止堵塞、失效。

6.1.5 应妥善处理地下排水设施出水口的排水通道,避免出现漫流或冲刷坡面。地下水可排放到路界地表排水系统中。地下排水设施出水口处水流应处于无压状态。

6.1.6 应采取措施防止路界及附近地表水下渗补给地下水。公路毗邻地带的地表土质疏松,或岩土有天然裂隙,或路基上方有积水洼地时,可采取对土质地面的裂缝用黏土填塞捣实,对岩石裂缝用水泥砂浆填塞,对松软土质地段铺植草皮和种植树木,对路堑边坡上方的洼地和水塘予以填平等措施,防止地表水下渗。

6.1.7 不得将地表水排放到地下排水设施内。

6.1.8 地下排水设施的设计渗流量应按第 9 章计算确定。

6.2 地下水勘察

6.2.1 地下水勘察应包含以下内容:

1　查明地下水的类型和赋存状态，以及含水层和隔水层的性质、层数和厚度。
2　查明地下水的埋藏深度、水位变化规律和变化幅度。
3　查明地下水的流向、流速和水力坡度。
4　调查泉水出露的位置、类型、流量和动态变化。
5　调查地下水的补给排泄条件、地表水与地下水的补排关系及其对地下水位的影响。
6　分析地下水的化学成分，评价其对混凝土结构物的侵蚀性。
7　调查当地地下水的利用和既有地下排水设施的使用情况。
8　评价地下水对公路的影响。

6.2.2　缺乏常年地下水位监测资料的地区，地质条件复杂的隧道、大型滑坡、深路堑等重点工程初步勘察时，宜设置观测孔对有关层位的地下水进行长期观测。当水文地质条件对其工程方案有重大影响时，应进行专门的水文地质勘察，现场测定地层渗透系数等水文地质参数；必要时可设置观测孔，量测压力水头随深度的变化。

条文说明

地下水赋存状态不仅存在短期变化，还存在年变化规律和长期的动态规律。工程经验表明，在地质条件复杂的大规模工程建设中，地下水会对工程安全与造价产生较大影响。如在详勘阶段才开始地下水勘察，由于勘察时间短，只能了解到勘察时刻的地下水状态，甚至没有足够的时间进行现场试验，无法了解地下水的赋存状态及随时间变化规律，影响工程方案的选择，因此提出此条文要求。

6.2.3　地下水的流向可用几何法量测，在同一水文地质单元内，量测点不应少于3个测孔（井）。3个测点时，最小夹角不宜小于40°。测点间距应根据岩土的渗透性、水力梯度和地形坡度确定，宜为50～150m。应同时量测各孔（井）内水位，确定地下水的流向。

6.2.4　地下水的流速可采用指示剂着色法测定，也可采用已知的水力坡度和渗透系数由计算确定。采用指示剂着色法测定时，宜在观测孔两侧各布置一个辅助观测孔，防止指示剂不流经下游观测孔。试验孔与观测孔的距离应根据含水层条件确定，一般细砂层宜为2～5m，含砾粗砂层宜为5～15m，裂隙岩层宜为10～15m，岩溶水可大于50m。指示剂可采用各种盐类、着色颜料等，用量应根据地层的透水性和渗透距离确定。

6.2.5　含水层的渗透系数可采用下述室内或野外试验方法确定：
1　根据代表性岩土的渗透系数经验值，结合当地经验确定。代表性岩土渗透系数经验值可参考表6.2.5。
2　通过室内常水头或变水头渗透试验确定。
3　在野外对含水层进行抽水试验后计算确定；对非饱和松散岩土层可采用渗水试验

确定。

表 6.2.5 代表性岩土渗透系数 k_h 经验值

岩土名称	k_h(mm/s)	岩土名称	k_h(mm/s)
黏土	$<6\times10^{-5}$	中砂	$6\times10^{-2} \sim 0.2$
粉质黏土	$6\times10^{-5} \sim 1\times10^{-3}$	粗砂	$0.2 \sim 0.6$
粉土	$1\times10^{-3} \sim 6\times10^{-3}$	砾石	$0.6 \sim 1$
粉砂	$6\times10^{-3} \sim 1\times10^{-2}$	卵石	$1 \sim 6$
细砂	$1\times10^{-2} \sim 6\times10^{-2}$	漂石	$6 \sim 1000$

6.2.6 泉水出露处的水流量可根据流量大小选择容积法、三角堰法或梯形堰法测定。

6.2.7 水文地质抽水试验、渗水试验等应符合现行《岩土工程勘察规范》(GB 50021)、《公路工程地质勘察规范》(JTG C20)的规定，室内渗透试验等应符合现行《公路土工试验规程》(JTG E40)的规定。

6.3 地下排水设施

6.3.1 应根据地下水类型、含水层埋藏深度、地层渗透性、地下水对环境的影响，并考虑与地表排水设施协调等，选用适宜的地下排水设施，并应符合以下规定：

1 有地下水出露的挖方路基、斜坡路堤、路基填挖交替地段，当地下水埋藏浅或无固定含水层时，宜采用渗沟。

2 赋存有地下水的坡面，当坡体土质潮湿、无集中的地下水流但危及路基安全时，宜设置边坡渗沟或支撑渗沟。

3 当地下水埋藏深或为固定含水层时，可采用渗水隧洞、渗井。渗井宜用于地下含水层较多，但路基水量不大，且渗沟难以布置的地段。

4 路基基底范围有泉水外涌时，宜设置暗沟(管)将水引排至路堤坡脚外或路堑边沟内。

5 当坡面有集中地下水时，可设置仰斜式排水孔。

6.3.2 渗沟类型应根据使用部位、渗流量等确定，横断面尺寸应根据第 9 章所述方法计算确定，并应符合以下规定：

1 渗沟的渗水部分应采用洁净的透水性粒料充填，粒料中粒径小于 2.36mm 的细粒料含量不得大于 5%，回填料外围应设置反滤层。渗沟位于路基范围外时，透水性回填料顶部应覆盖厚度不小于 0.15m 的不透水填料。

2 管式渗沟的排水管管径不宜小于 150mm，可选用带孔的 PVC、PP、PE 塑料管、软式透水管、无砂混凝土管或带孔的水泥混凝土管等材料。

3 填石渗沟、无砂混凝土渗沟最小纵坡不宜小于1%,管式渗沟、洞式渗沟最小纵坡不宜小于0.5%。

6.3.3 管式渗沟的排水管应符合以下规定:

1 带孔的排水管,槽孔的内径宜为5~10mm,纵向间距宜为75mm,按4或6排对称地排列在圆管断面的下半截,如图6.3.3a)所示;带槽的排水管,槽口的宽度宜为3~5mm,按两排间隔165°对称地排列在圆管断面的下半截,如图6.3.3b)所示。

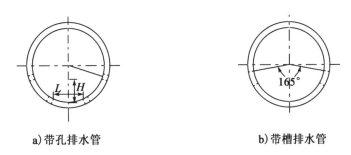

a)带孔排水管　　　　　　　b)带槽排水管

图6.3.3 带槽孔排水管的圆孔和槽口布置示意图

2 圆孔与槽孔布设应满足表6.3.3所列要求。

表6.3.3 带槽孔排水管的槽孔布置尺寸要求

管径 (mm)	圆 孔			槽 口		管径 (mm)	圆 孔			槽 口	
	排数	H (mm)	L (mm)	长度 (mm)	间距 (mm)		排数	H (mm)	L (mm)	长度 (mm)	间距 (mm)
150	4	70	98	38	75	300	6	140	195	75	150
200	4	94	130	50	100	380	6	175	244	75	150
250	4	116	164	50	100	460	6	210	294	75	150

6.3.4 在盛产石料地区,可采用洞式渗沟。洞式渗沟应在路基范围外设置。渗沟洞顶板条间应留有宽20mm的缝隙,缝隙间距不宜超过300mm。

6.3.5 斜坡路堤与路基填挖交界处的渗沟,挖方区侧和顶面等渗沟迎水面应设置反滤层;填方区渗沟背水面侧壁和底面应设置防渗层。反滤层、防渗层应符合以下规定:

1 反滤层用砂砾石应洁净,小于0.15mm的颗粒含量不得大于5%。

2 无砂混凝土反滤层厚度宜为0.1~0.2m。当沟壁土质为黏性土、粉土或粉细砂时,在无砂混凝土块外侧,还应设置厚度0.1~0.15m的中粗砂或土工织物反滤层。

3 土工织物反滤层宜采用无纺土工织物。当沟壁为黏性土、粉土或粉细砂时,可在土工织物与沟壁之间增设一层厚度0.1~0.15m的中砂反滤层。

4 防渗层可采用复合土工膜等材料。

6.3.6 边坡渗沟应垂直嵌入边坡坡体,根据边坡情况可按条带形、分岔形或拱形布设,间距宜为 6~10m。渗沟宽度宜为 1.2~1.5m,基底宜呈阶梯状,基础宜采用浆砌片石。沟内应回填透水性粒料,回填料外周应设置反滤层。沟顶部可采用干砌片石铺砌。下部出水口宜采用干砌片石垛支撑,如图 6.3.6 所示。

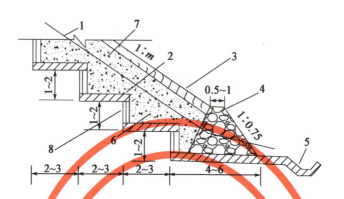

图 6.3.6 边坡渗沟布置和构造示意图(尺寸单位:m)
1-干湿土层分界线;2-浆砌片石铺砌;3-干砌片石覆盖;4-干砌片石垛;5-边沟;6-沟内回填粗粒料;7-上部回填细粒料;8-反滤织物或反滤层

6.3.7 支撑渗沟的横向间距应根据土质情况和渗水量确定,宜为 6~8m,沟深不宜小于 1.5m,沟宽不宜小于 1.5m,基底应呈阶梯状,基础宜采用浆砌片石,沟内应回填透水性粒料。回填料外周应设置反滤层。沟顶部可采用干砌片石铺砌。

6.3.8 渗井直径宜为 0.5~0.6m,距离路堤坡脚不宜小于 10m。渗井的平面布置及井径、渗水量应按第 9 章计算确定。

6.3.9 渗水隧洞的设计应符合以下规定:

1 隧洞的埋设深度应根据主要含水层的埋藏深度确定,并应设置在稳定地层内,顶部应在滑动面(带)以下不小于 0.5m。

2 对滑动面以上的其他含水层,宜采用在渗水隧洞顶上设置渗井或渗管等方法引入隧洞中。渗水隧洞以下存在承压含水层时,宜在洞底部设置渗水孔。

3 隧洞横断面净高不宜小于 1.8m,净宽不宜小于 1.0m。

4 隧洞平面轴线宜顺直,洞底纵坡应不小于 0.5%,不同纵坡段可采用设台阶跌水或折线坡等形式连接。

5 隧洞结构设计应符合现行《公路隧道设计规范》(JTG D70)有关规定。

6.3.10 暗沟(管)的尺寸应根据泉水流量计算确定。暗沟宜采用矩形断面,井壁和沟底、沟壁宜采用浆砌片石或水泥混凝土预制块砌筑,沟顶应设置混凝土或石盖板,盖板顶面上的填土厚度不应小于 0.5m。应采取有效措施防止暗沟淤塞。

6.3.11 仰斜式排水孔仰角不宜小于6°，长度应伸至地下水富集部位或潜在滑动面，并宜根据边坡渗水情况成群分布。排水孔钻孔直径宜为75~150mm，孔内应设置透水管。透水管直径宜为50~100mm，可选用软式透水管或带孔的PVC、PP、PE塑料管等材料。透水管应外包土工布作为反滤层。

6.3.12 暗沟(管)、渗沟及渗水隧洞的平面转弯、纵坡变坡点等处及直线段每隔一定间距，应设置检查井。检查井的设置应符合以下规定：

1 渗沟检查井的设置间距不宜大于30m，渗水隧洞检查井的设置间距不宜大于100m。

2 兼起渗井作用的检查井的井壁外，应设置反滤层。

3 检查井直径应满足疏通的需要，且不宜小于1m，井内应设检查梯，井口应设井盖，当深度大于20m时，应增设护栏等安全设备。检查梯应采取防腐蚀措施或采用耐腐蚀的复合材料。

6.3.13 黏质土地段地下水埋深小于0.5m或粉质土地段地下水埋深小于1.0m时，宜在低路堤底部设置隔离层。隔离层可采用土工膜、复合土工膜、复合防水板等土工合成材料或粒料类材料。当地下水丰富时，土工合成材料底部宜设置排水垫层，垫层材料宜选用天然砂砾或中粗砂。季节性冻土地区应采用砂砾隔离层。

7 公路构造物、下穿道路及沿线设施排水

7.1 桥面排水

7.1.1 桥面排水系统应与桥梁结构及桥下排水条件相适应,避免水流下渗对桥梁结构耐久性造成影响。大桥和特大桥的桥面排水系统尚应与桥面铺装设计相协调。

7.1.2 桥面应有足够的横向和纵向排水坡度。桥面横向排水坡度宜与路面横坡度一致,当设有人行道时,人行道应设置倾向行车道 0.5% ~ 1.5% 的横坡。当桥面纵坡小于 0.5% 时,宜在桥面铺装较低侧边缘设置纵向渗沟排水系统。

7.1.3 桥面排水对桥下通行有影响时,桥面水通过横坡和纵坡排入泄水口后,应汇集到纵向排水管或排水槽中,通过设在墩台处的竖向排水管排入地面排水设施或河流中。竖向排水管出口处应设置排水沟,并适当加固,避免冲刷和漫流。

7.1.4 泄水口宜设置在桥面行车道边缘处,间距可依据设计径流量按第 9 章计算确定,且最大间距不宜超过 20m。在桥梁伸缩缝的上游方向应增设泄水口,在桥面凹形竖曲线的最低点及其前后 3 ~ 5m 处应各设置一个泄水口。

条文说明

泄水口间距,要考虑降雨强度和汇水面积,还要考虑桥面横向和纵向坡度、泄水口泄水能力以及允许过水断面漫流的宽度。在具体设计时,可以按确定路面拦水带或缘石泄水口间距的同样方法考虑桥面的泄水口。奥地利的经验是:当桥面横坡为 2.5%,纵坡为 1.0% 时,泄水口的最大间距为 25m;而当纵坡为 0.5% 时,则泄水口最大间距为 10m;但最低限值为每 400m² 桥面至少应设置一个泄水口。日本的规定是泄水口的间距不大于 20m。参考这些数值,规定了泄水口间距不宜超过 20m。

在伸缩缝的上游方向设置泄水口,有助于减少流向伸缩缝的水量。日本的规定是在伸缩缝上游 1.5m 处设置泄水口。凹形竖曲线底部相继设置 3 个泄水口是为了预防最低点处的泄水口被杂物堵塞而导致积水。

7.1.5 泄水口可为圆形或矩形。圆形泄水口的直径宜为 150 ~ 200mm;矩形泄水口的

宽度宜为200~300mm,长度宜为300~400mm。泄水口顶部应采用格栅盖板,其顶面宜比周围桥面铺装低5~10mm。泄水管可采用铸铁管、PVC管或复合材料管,内径不宜小于150mm。泄水管伸入铺装结构内部的部分应做成孔隙状,其周围的桥面板应配置补强钢筋网。

条文说明

要求泄水口顶面略低于周围桥面铺装,是为了有利于桥面水向泄水口汇流并增加截流率。由于设置泄水口,部分桥面板钢筋网被切断,因此要求泄水口周围应配置补强钢筋,使之具有足够的强度承受车辆荷载的作用。要求泄水管伸入铺装结构内部的部分做成孔隙状是为了不影响铺装结构内部水的排出。

7.1.6 排水管或排水槽宜设置在悬臂板外侧,并与周围景观相协调。排水管宜采用铸铁管、PVC管、PE管、玻璃钢管或钢管,其内径应大于或等于泄水管的内径。排水槽宜采用铝、钢或玻璃钢材料,其横截面应为矩形或U形,宽度和深度均不宜小于200mm。纵向排水管或排水槽的坡度不得小于0.5%。桥梁伸缩缝处的纵向排水管或排水槽应设置可伸缩的柔性套筒。寒冷地区的竖向排水管,其末端宜距地面500mm以上。

7.1.7 伸缩缝结构应能避免桥面水下落至梁端、盖梁和墩台等结构上。伸缩缝两侧的现浇混凝土应采取浇筑微膨胀混凝土、抗渗混凝土等防渗漏的措施,避免雨水下渗影响到梁端、盖梁和墩台等桥梁结构。

条文说明

如桥梁伸缩缝及两侧的混凝土防水效果不好,会造成雨水下渗,从而导致梁端、盖梁和墩台混凝土的腐蚀、酥松、脱落、开裂和钢筋锈蚀等诸多病害。因此,要求加强伸缩缝自身和伸缩缝两侧现浇混凝土的防渗漏性能。

7.2 桥(涵)台和支挡构造物排水

7.2.1 桥(涵)台台背和支挡构造物墙背宜采用透水性材料回填,严寒地区和浸水挡土墙应采用透水性材料回填。桥(涵)台和路肩挡土墙回填料表面应采取在回填区外设置拦截地表水流入的沟渠、回填料顶面夯实或铺设不透水层等措施防止地表水渗入。

条文说明

桥(涵)台和支挡构造物台背采用透水性回填料,可以疏干台后或墙后回填料中的水分,防止由于积水而使台身或墙身承受额外的静水压力、黏性土填料浸水后的膨胀压力或者严寒地区的冻胀压力。桥(涵)台和路肩挡土墙回填料表面采用防止地表水下渗措施,可以降低回填料内的含水率。

7.2.2 台背或墙背回填透水性材料时,应在台身或墙身设置泄水孔排水。回填料透水性不良、回填区渗水量大或有冻胀可能时,可选用下列排水措施:

　　1 在台背或墙背与回填料之间设置由透水性材料组成的连续排水层。排水层的厚度应不小于 300mm,其顶部应采用 300～500mm 厚的黏土等不透水材料进行封闭。

　　2 沿台背或墙背铺设排水板等土工复合排水材料。以排除填土积水为主时,复合排水材料可满铺或以 1～2m 的间距沿台背或墙背布设;以排除地下渗水为主时,应通过有关流量计算确定排水材料的布设间距和数量。

　　3 沿台背或墙背的底部纵向设置内径 100～150mm 的软式透水干管,每隔 2～3m 竖向设置内径 50～80mm 的软式透水支管。

　　4 在填料内根据实际需要设置若干层水平向排水夹层。夹层厚度不应小于 300mm。

7.2.3 泄水孔可采用塑料管或铸铁管等,直径宜为 50～100mm,安置时应向下倾斜 3%～5%,进水口处应采取反滤和防堵措施。泄水口间距宜为 2～3m,上下排交错布置,最低一排出水口应高出墙前地面、常水位或边沟内设计水位 300mm 以上。挡土墙墙趾应采取防止泄水孔水流冲刷地表或基础的措施。

7.2.4 挡土墙的背面有地下水渗入时,应在后部和底部增加排水层。排水层可采用级配碎石或级配砂砾,厚度不宜小于 0.5m,必要时可在进水面铺设土工织物反滤层,防止淤塞。

条文说明

　　地下水渗入挡土墙内部的填料后,在水作用下将使墙体所受的压力增大,下渗水还会软化挡土墙的地基;对于加筋土挡墙,还会影响加筋带的受力和使用寿命。因此,提出条文要求。

7.2.5 当由于地形情况有可能产生流向挡土墙的斜坡径流时,应采取截水、疏导和防水等措施。相关措施应与坡面防排水体系相协调。

7.3 隧道排水

7.3.1 隧道排水系统应与隧道主体工程和交通安全设施紧密结合,根据地质条件、地下水发育及补给情况,合理确定排水设施设置位置和各部位尺寸。应避免地下水过分排放对环境的影响。

7.3.2 隧道洞顶存在积水洼地时,宜设洞顶排水沟疏导引排,洼地宜填平,防止再次积水。对经过洞顶的天然沟槽或输水渠道、水工隧洞等排水设施,宜进行铺砌。对易发生积水下渗的废弃坑穴、钻孔等应填实封闭。

7.3.3 隧道衬砌防排水设施应符合以下规定:

1 采用复合式衬砌时,应在初期支护与二次衬砌之间设置防水板及无纺土工布,并设置系统盲管。

2 二次衬砌混凝土应满足抗渗要求,二次衬砌的施工缝、沉降缝和伸缩缝应采取防水措施。

3 在衬砌两侧边墙背后底部应设沿隧道的纵向排水盲管,沿衬砌背后环向应设置导水盲管,集中出水处应单独设置竖向盲管。

4 环向盲管、竖向盲管应与边墙底部的纵向排水盲管连通,纵向排水盲管应与横向导水管连通。

5 当隧道位于常水位以下,且不易排泄时,应采用抗水压衬砌结构。

6 无法检修的排水设施应考虑地下水中矿物质析出对排水能力的影响。

7.3.4 隧道内排水应符合以下规定:

1 隧道内路面两侧应设置路侧边沟,边沟纵坡宜与隧道纵坡一致。

2 路侧边沟可采用带泄水孔的盖板沟或缝隙式边沟,如图 7.3.4 a)、b)所示。

a) 盖板沟

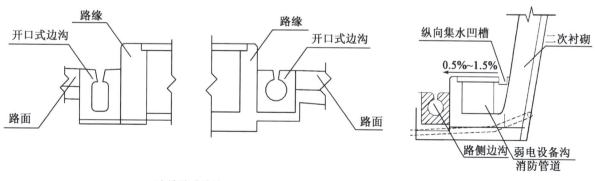

b) 缝隙式边沟　　　　　c) 排水槽细部

图 7.3.4　隧道内边沟排水布设示意图

3 路侧边沟应设置沉沙池、滤水箅,沉沙池间距宜为25~30m。边沟盖板可采用钢筋混凝土、铸铁或钢筋加强型复合材料,其强度及配筋量应根据计算确定。

4 检修道或人行道的道面宜设0.5%~1.5%的横坡,必要时还可在墙脚与检修道交角处设宽50mm、深30mm的纵向凹槽,排水槽细部如图7.3.4 c)所示。

5 预制边沟拼接处应采取有效的防渗措施。

7.3.5 隧道路面结构底部排水设施应符合以下规定:

1 路面结构底面应设不小于1.5%的横向排水坡度。

2 路面结构下宜设纵向中心水沟,当有仰拱时,石质围岩段中心水沟可设于仰拱之上,土质围岩段应设置于仰拱之下。地下水量不大的中、短隧道可不设中心水沟。

3 中心水沟的沟槽可采用梯形或矩形断面,排水管可采用钢筋混凝土管或玻璃钢管,如图7.3.5-1所示。断面尺寸应根据设计流量按第9章方法计算确定。

4 中心水沟纵向应设沉淀池,设置间距宜为50m。应根据需要设置检查井,设置间距不应小于250m。

5 路面结构下应设横向导水管连接中心水沟的排水管与衬砌墙背排水盲管;未设中心水沟时,横向导水管应一端与路侧边沟或者其下专门设置的路侧水沟(管)相接,另一端与衬砌墙背排水盲管连接。横向导水管的直径不宜小于100mm,横向坡度不应小于2%。

6 设有中心水沟的隧道,横向导水管的纵向间距宜为30~50m,如图7.3.5-2所示;未设隧底中心水沟时,横向导水管的纵向间距不宜小于10m。横向导水管与墙背排水盲管应采用三通连接。

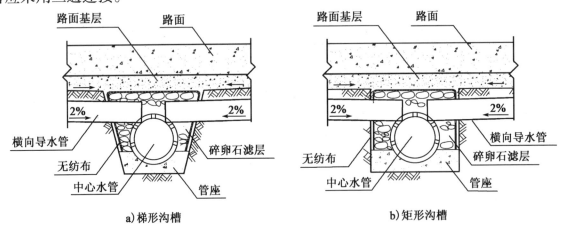

图7.3.5-1 中心水沟

7.3.6 洞口与明洞防排水应符合以下规定:

1 明洞回填层顶面洞门墙背外应设排水沟,排水沟宜采用矩形断面,尺寸宜不小于0.5m×0.5m;明洞槽边、仰坡外应设截水沟,截水沟应设置在开挖线3m以外,可采用矩形或梯形断面。排水沟、截水沟迎水一侧沟壁不宜高出坡面。

2 当洞口向外的路线为上坡时,宜沿路线方向反坡排水。当地形条件限制,反坡排水有困难时,应在洞口设置有流水箅的横向路面截水沟,阻止洞外路面水流入隧道内。必须通过隧道路侧边沟排水时,隧道内的路侧边沟应保证有足够的过水断面。

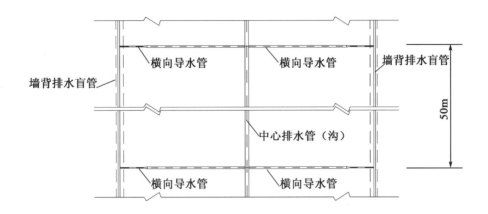

图 7.3.5-2　横向导水管的纵向间距

3　明洞顶部应设置必要的截水、排水系统;回填土表面宜铺设隔水层并与边坡搭接良好;靠山侧边墙底或边墙后宜设置纵向盲沟,将水引至边墙泄水孔排出;衬砌外缘应敷设外贴式防水层;明洞与隧道接头处的混凝土应进行防水处理。

7.3.7　当地下水发育且有长期补给来源时,除设置盲沟和中心水沟外,尚可增设辅助坑道或泄水洞等排水设施。

7.3.8　当地下水有侵蚀性时,应采用铺设抗侵蚀防水层等措施,避免地下水侵蚀隧道结构。易受地下水侵蚀部位宜采用相应的抗侵蚀混凝土。

7.4　下穿道路排水

7.4.1　下穿道路应根据下挖深度和排水条件合理确定排水方案,避免因排水不畅对通行的影响。下穿道路有良好排水条件时,可只对构造物内路面和边沟进行铺砌,防止冲刷。平原地区下挖道路宜设置完善的排水系统。

7.4.2　下穿道路在下挖段的上游端,可设置泄水口、排水沟等排水设施,拦截和引排上游方向的地表水,减少地表水流入下挖段。必要时可设置雨水棚引排降水。

7.4.3　在上跨构造物范围内的下穿道路最小纵坡不宜小于0.3%,纵断面的最低点宜布置在洞口外。

7.4.4　排水条件不良时,应在纵断面最低点处设置排水沟或地下排水管将水引排到邻近的低地、水沟或蒸发池、渗透池。有条件时,可在最低点处设置集水井。

7.4.5 在上跨构造物范围内的下挖段边沟应加大过水断面面积,并宜采用带盖板的矩形边沟。盖板可采用钢筋混凝土、铸铁或钢筋加强型复合材料,其强度和配筋应根据计算确定。盖板上宜设置槽孔。

7.4.6 平原区当地下水位较高且下挖段汇集的水无法及时排出时,可采用水泵应急排水,水泵的型号应按排水量和扬程的要求选择。重要的下穿道路,宜设置用于应急排水的泵站。下穿道路两侧的地下水应采取封闭措施。

7.4.7 平原区地下水水位较低且地层土质渗透性好的路段,当下穿道路排水困难时,可采用集水渗滤方式,将水排至地下深层。多年冻土、黄土地区不得采用集水渗滤方式排水。采用集水渗滤方式时,应符合以下规定:
  1 当汇水量较小、地下水位较低时,可设置渗透池集水渗滤。渗透池底部应在地下水位之上。
  2 当汇水量较大、地下水位较低时,可采用渗透池和小渗井组合的方式集水渗滤。
  3 当汇水量较大、浅层地下水位较高时,可采用沉淀池和穿透隔水层的小渗井组合的方式集水渗滤。小渗井宜置于沉淀池底部中央,井口高于沉淀池底部不小于1m。

7.4.8 集水渗滤排水的设计应符合以下规定:
  1 渗透池或沉淀池的尺寸应根据下穿道路汇水面积、设计重现期计算确定,宜能储存半个月汇入池中的水量。
  2 横向排水沟、管进入渗透池或沉淀池的入口处应设置孔径不大于2mm的双层过滤铁丝网。
  3 渗透池和沉淀池可采用钢筋混凝土管、防腐钢波纹管或玻璃钢管。渗透池底部应设置过滤层,采用蛭石过滤层时,厚度不宜小于0.5m。渗透池内壁应设置爬梯。
  4 小渗井可采用内径不小于100mm的玻璃钢管或防腐的钢管,井口高出池底不宜小于1m。高出池底部分外侧和顶部应设置反滤层,反滤层宜采用抗光老化的土工布。小渗井伸入透水层部分应在井壁上布孔,外侧应用砂网过滤,砂网空隙直径宜为1mm。

7.4.9 气候干旱、排水困难的路段,可结合公路建设取土和农田水利等工程,在下穿道路两侧设置蒸发池。蒸发池的设计应符合第3章有关规定。

7.5 沿线设施排水

7.5.1 收费站、服务区、停车区和养护管理站等沿线设施的排水设计,应按照因地制宜、达标排放的原则确定排水系统的组成,合理选择污水处理方案。有条件时,宜采用雨水与污水分开排放的方案。

7.5.2 沿线设施的污水排放应符合以下规定：

1 水环境强敏感和中等敏感路段，沿线设施排放的污水应达到现行《污水综合排放标准》(GB 8978)一级以上标准。

2 水环境弱敏感路段，沿线设施排放的污水应达到现行《污水综合排放标准》(GB 8978)二级以上标准。

3 沿线设施污水处理后用于农田灌溉时，应符合现行《农田灌溉水质标准》(GB 5084)的规定。

4 沿线设施污水处理后用于再生利用时，其水质应根据具体用途满足城市污水再生利用系列国家标准的要求。

7.5.3 洗车台(场)、加油站应设置污水处理系统，污水排放前应经过处理并满足相关标准要求。

7.5.4 沿线设施的雨水汇集、排放设计应按照本规范第4~6章的有关规定进行。

7.5.5 公路沿线设施的排水设计应与主线排水系统有机结合，经处理合格的污水可通过主线排水系统排放。

8 特殊地区及特殊路段排水

8.1 多年冻土地区

8.1.1 多年冻土地区地表、地下排水设施设计应考虑多年冻土地区的特殊性,避免排水设施或排水不良对冻土稳定性的影响。排水设施宜远离路基坡顶或坡脚,必要时应采取防渗、防冻及保温措施。

8.1.2 多年冻土地区应查明路线经过区域多年冻土的特性及水文地质等情况,给排水设计提供翔实、可靠的资料。对沼泽、冰丘、冰锥、热融湖(塘),应详细调查其范围、规模、发生原因及发展趋势。

8.1.3 高含冰量冻土地段,路基所处地形一侧较高或挖方边坡一侧的山坡汇水面积较大时,宜设置挡水埝,防止坡面水漫流。挡水埝的顶宽不宜小于1.0m,高度不宜小于0.8m,内侧边坡坡度宜为1:0.5~1:1,外侧宜为1:1.5~1:2。必须采用开挖式排水设施时,宜采用宽浅的断面形式,排水沟的底宽不宜小于0.6m,边坡坡度不宜陡于1:1,必要时可用草皮或黏性土进行加固。

8.1.4 排水沟、截水沟、挡水埝内侧边缘至保温护道坡脚、堑顶或路堤坡脚的距离应符合以下规定:
1 富冰冻土、饱冰冻土地段不宜小于10m。
2 含土冰层地段不宜小于8m。
3 少冰与多冰冻土地段不宜小于5m。
4 沼泽湿软地段不宜小于8m。

条文说明

地表水的渗透是造成冻土融化、路基下沉的主要原因之一,因此,要求整个排水系统应当与保温护道坡脚或堑顶或路堤坡脚(无保温护道)保持足够的距离。距离的大小根据冻土的含冰(水)量确定。

8.1.5 地表排水设施宜采用干砌片石或预制拼装等耐变形、耐冰冻的柔性结构。土质排水设施纵坡过大时宜采用铺草皮等措施加固。铺砌的排水设施底部宜设置灰土、三合土垫层或铺设复合土工膜,防止冲刷和渗漏。

8.1.6 对无法引排的路基坡脚积水,宜设置护坡道隔离。护坡道的高度应高出积水最高水位不小于0.5m,宽度应不小于5m。

8.1.7 当地下水对路基有危害时,应根据地下水类型、水量、积水和地层情况,设置渗沟或冻结沟、积冰坑、挡冰堤、挡冰墙等设施排除地下水。当采用渗沟时,渗沟、检查井和出水口均应采取保温措施。出水口的位置宜选在地形开阔、高差较大、纵坡较陡、向阳、避风处。

8.1.8 当取土坑内部积水可能危及路基稳定时,取土坑内侧边缘至保温护道坡脚、堑顶或路堤坡脚的距离不宜小于10m。

8.2 膨胀土地区

8.2.1 膨胀土地区应按防止地表水、地下水渗入膨胀土体,避免土体膨胀导致路基破坏的原则进行排水设计。

8.2.2 膨胀土地区应查明沿线膨胀土分布范围、成因类型、干湿影响区、土体的结构层次、膨胀等级、地下水分布及埋藏条件等情况,给排水设计提供翔实、可靠的资料。

8.2.3 路床宜采用路面底层封闭隔水、路床换填不透水材料、铺设防水土工合成材料和渗沟排水等措施,防止路面表面水下渗。挖方路段路床换填深度应根据地下水发育情况确定,宜为0.8～1.5m。

8.2.4 路堑边沟宜较一般地区适当加宽、加深,边沟外应设边沟平台。截水沟与路堑坡顶之间应采取铺设防水土工合成材料等封闭、防渗措施。

8.2.5 路堑边坡宜设置支撑渗沟或柔性支护结构;路堑坡顶截水沟下宜设置渗沟截排浅层地下水;坡顶、渗沟底,以及渗沟靠边坡一侧应设置隔水层。

8.2.6 地下水位较高的路段,宜在边沟下或坡脚挡土墙墙踵处设置渗沟。

8.2.7 地表排水设施宜采用预制拼装结构,并做好接缝防渗隔水。防渗可采用防水土工布(膜)等。当采用浆砌片石结构时,应做好基底隔水设计。

8.3 黄土地区

8.3.1 黄土地区应按防止地表水下渗、避免路基湿陷破坏的原则进行排水设计。

8.3.2 黄土地区应查明路线所处地貌单元及地表水、地下水和各种不同地层黄土的类型和湿陷等级等情况,给排水设计提供翔实、可靠的资料。

8.3.3 黄土地区排水设施的设计应符合以下规定:

1 排水沟渠的长度不宜超过300m,三角形和碟形边沟不宜超过150m,沟底纵坡坡度不宜小于0.5%,不应小于0.3%。出口部位宜设置消能设施并使水流散开流走,避免在出口形成冲刷或积水,防止湿陷破坏。

2 排水沟渠应采用现浇混凝土、浆砌混凝土预制块或浆砌片石,底部应采用塑料薄膜或复合土工膜防渗,基底应采用夯实、掺灰夯实等方法进行加固处治。

3 涵洞、急流槽、排水沟等出口应设置消力池(坎)、散流、跌坎、加糙、挑流等消能设施。

8.3.4 当填方高度小于2m时,应对基底进行石灰土改良、铺设防渗土工布等防渗处理。当填土地基地下水、泉水丰富时,应设置透水层。透水层可沿填土高度每隔3m设置一段,且每层应设置6%左右的横向坡度,并配置坡脚排水系统。

8.3.5 填方路基的路面表面水宜采用设置拦水带、急流槽集中排放的方式排除。

8.3.6 湿陷性黄土路段,沿线的蒸发池和集中取土坑的边缘距离路基坡脚应不小于25m,并应采取重锤夯实、浆砌或铺筑土工合成材料等方法进行防渗处理。

8.3.7 对危害路基安全的黄土陷穴,应根据陷穴埋藏深度及大小采用开挖回填夯实及灌浆等方法处理,对可能进入陷穴的水流应采取设置截水沟、排水沟、渗沟和盲沟等措施拦截和引排。对危及路基安全的黄土冲沟,应对其采用沟头植树、铺砌等防护措施。

8.3.8 当路线附近灌溉可能造成黄土地基湿陷,影响路基安全时,可对路堤两侧坡脚外5~10m进行表层加固防渗处理或设侧向防渗墙。

8.4 盐渍土地区

8.4.1 盐渍土地区应按切断盐分迁移路线、保证路基稳定的原则进行排水设计。

8.4.2 盐渍土地区应查明路线经过区域盐渍土的分布范围、含盐类型和分级及地下水与地表水等情况，给排水设计提供翔实、可靠的资料。

8.4.3 下路堤采用盐渍土填筑的路段，路面表面水应采用设置拦水带、急流槽集中排放的方式排除。

8.4.4 中、强盐渍土路段，路基受到地面水或地下水影响时，填方路基应设置隔断层，挖方路基应根据水文地质条件适当超挖并回填水稳定性好的填料或设置隔断层。隔断层设计应符合以下规定：
　　1　隔断层可采用透水性材料，也可采用沥青、土工膜等不透水的材料。
　　2　当采用透水性材料修筑时，其厚度不宜小于300mm，并应在隔断层顶面及底面各铺设一层反滤层。
　　3　填方路段，高速公路、一级公路的隔断层应设置在路床之下；二级及二级以下公路，路堤隔断层应位于路面结构以下。挖方路段隔断层应在路面结构以下至少0.3m。隔断层底面应高出地表长期积水位或边沟设计水位0.2m以上。
　　4　隔断层的顶面埋深应大于当地最大冻深。

8.4.5 地面排水困难、地下水位高或路侧有排、灌沟渠的路段，应在路基一侧或两侧设排碱沟，降低地下水位或截阻农业排灌渗漏水。排碱沟距路基坡脚应不小于2m，沟底应低于地表不小于1m，沟底宽不宜小于0.6m，纵坡不宜小于0.2%。无排水条件的路段，当地下水位较高时，宜设置反压护道隔水。

8.4.6 荒漠盐滩、耕地稀少的路段，可采用反压护道隔水或设置蒸发池。反压护道顶面应高出长期积水位0.5m以上。蒸发池边缘距路基坡脚宜大于10m；当蒸发池水渗流对路基有影响时，池底与四壁宜作防渗处理。

8.4.7 路侧设置取土坑时，取土坑底部应高出地下水位不小于1m，坑底横坡宜外倾2%~3%，坑边缘距路基坡脚应不小于5m。

8.4.8 通过干涸盐湖地段的低路堤可不设边沟。当盐湖地表下有饱和卤水时，宜设置排水沟和护坡道，护坡道宽度应大于2m，排水沟可与取土坑、蒸发池联合设置。

8.5 滑坡路段

8.5.1 滑坡路段的排水设计应与滑坡处治方案紧密结合，避免由于排水不当诱发滑坡体滑坡。

8.5.2 滑坡勘察时,除应查明滑坡性质、滑坡体附近的地形地貌、水文地质和工程地质条件、滑坡的成因类型、滑坡规模与特征等情况外,尚应一并查明排水设计所需水文、地质资料。

8.5.3 滑坡体后缘及滑坡体可采用环形截水沟、排水沟、渗沟、排水隧洞、仰斜式排水孔等地表及地下排水措施。环形截水沟应设置在滑坡体后缘距裂缝5m以外的稳定斜坡面上。

8.5.4 当滑坡体后缘存在水池、水塘和水库等地表水体且必须保留时,宜对地表水体底部和周边进行防渗处理。

8.5.5 滑坡范围较大时,宜在滑坡体范围内设置树枝状排水沟。有明显开裂变形的滑坡体应用黏土填实裂缝,整平积水坑、洼地,使地表的雨水汇集排泄,减少下渗。排水沟通过裂缝处,应设置上下搭接的叠瓦式沟槽。

8.5.6 对渗水的土质滑坡和浅层滑坡,可采取设置格状支撑渗沟,结合坡面铺种草皮、种植灌木或阔叶树木等措施。

8.5.7 当滑坡体表层有积水湿地和泉水出露时,可将排水沟上端做成渗水暗沟,疏干湿地内上层滞水、引排泉水。

8.5.8 对大规模滑坡体,地下水丰富时可采用横向截水渗沟、纵向截水渗沟、渗水隧洞、仰斜式排水孔等地下排水措施。

8.5.9 各类地表及地下排水设施的设计应符合第4章和第6章的有关规定。

8.6 水环境敏感路段

8.6.1 水环境敏感路段的排水设计,应突出保护水体的要求,避免由于排水不当导致水体的污染。

8.6.2 水环境敏感路段应收集沿线地区的环境影响评价、水源地分布和相关规划等资料,调查公路中心两侧各200m范围内的水资源分布和水体功能。当存在集中式生活饮用水取水口时,调查范围应延伸至取水口上游1 000m以外、下游100m以外。

8.6.3 应按照不同的敏感等级对水质的要求,结合工程具体条件,分别采取相应的排水设计和处理措施。

8.6.4 水环境强敏感路段排水设计应符合以下规定：
1 路面表面水应采取设置纵向、横向排水系统等措施，集中收集处理。
2 收集路面表面水的集水沟（管）和集中水处理设施应采取防渗措施。
3 路面表面水集中水处理宜采用多功能处理池、人工湿地或干式沉淀池等设施。

8.6.5 水环境中敏感路段排水设计应符合以下规定：
1 路面表面水宜集中收集处理。
2 集中水处理设施宜采用多功能处理池、人工湿地或干式沉淀池等设施，也可采用植草式处理池。

8.6.6 水环境弱敏感路段路面表面水可采取散排方式。当路面表面水集中排放时，宜采用植草式排水沟或封闭式排水沟处理。

条文说明

植草式排水沟可以改善路面径流和突发性事故污染的影响，减缓污染物的运移。封闭式排水沟可用于延缓污染物的蔓延。

8.6.7 水处理设施的设计应符合以下规定：
1 人工湿地、多功能处理池和干式沉淀池适用于汇水面积大于 $1hm^2$ 的情况，其长宽比应不小于6，水池周围应设置隔离栅栏。当位于居民聚集地时，宜选用干式沉淀池。三种水处理设施均应设置旁通系统和维修道路，在池底和池壁应采取铺设防水土工布等防渗措施。
2 植草式处理池适用于汇水面积不大于 $1hm^2$ 的情况，长度宜为80~100m，底宽宜为1.5~2m，死水深度宜为0.5m，水位变动高度宜为0.5~1.0m。
3 植草式排水沟和封闭式排水沟适用于汇水面积不大于 $1hm^2$ 的情况，长度宜为80~100m，底宽宜为1.2~1.5m，死水高度宜为0.5m，可不采取专门的防渗措施。
4 人工湿地宜由进水渠、湿地（由死水、底部基层和水生植物构成）、出水渠、旁通系统、有害物质调节池和维修道路组成。
5 多功能处理池、干式沉淀池宜由入口装置、积水池或渗滤池、出口装置、旁通系统、维修道路和有害物质调节池组成。
6 植草式处理池宜由入口装置、积水池、出口装置和旁通系统组成。
7 水处理设施的入口处应设置阀门，出口处应设置阀门和油水分离装置。
8 处理池和排水沟的尺寸应考虑养护设备的操作空间。

条文说明

人工湿地、多功能处理池和干式沉淀池四周修建维修道路的目的是使机械可以开进池底进行清除淤泥等养护操作。

旁通系统的作用主要是将突发事故中泄漏出来的(液体)有害物质引排至旁边的有害物质调节池,以便对有害物质进行集中处理。

在居民区设置干式沉淀池主要是为了防止多功能处理池的死水区可能出现的气味、蚊虫等对周边居民造成影响。

保留一定的死水体积可以延缓污染物的扩散,也可以起到沉淀的作用。

出口处油水分离装置能起到油水分离的作用;偶发事故带来的污染可以通过关闭进出口阀门来进行封锁。

9 水文与水力计算

9.1 水文计算

9.1.1 路界内各项排水设施所需排泄的设计径流量可按式(9.1.1)计算确定。

$$Q = 16.67\psi q_{p,t} F \tag{9.1.1}$$

式中：Q——设计径流量(m^3/s)；

$q_{p,t}$——设计重现期和降雨历时内的平均降雨强度(mm/min)；

ψ——径流系数；

F——汇水面积(km^2)。

9.1.2 设计降雨的重现期应根据公路等级和排水类型，按表9.1.2确定。

表9.1.2 设计降雨的重现期(单位:年)

公 路 等 级	路面和路肩表面排水	路界内坡面排水	公 路 等 级	路面和路肩表面排水	路界内坡面排水
高速公路和一级公路	5	15	二级及二级以下公路	3	10

条文说明

设计降雨重现期的规定，既要考虑到公路设施在使用中受水侵害的风险大小，又要考虑排水设施的断面尺寸，即其造价。因而，应根据公路的重要性(等级和交通量)以及浸水或水淹对公路使用和周围地区的影响程度，以及各项排水设施的排水目的和类型，综合确定降雨重现期。

表9.1.2中所列的设计重现期标准是在参考我国公路路基和路面规范中的规定及国外的规定，并考虑到重现期习惯上只用整年数确定的。

9.1.3 计算路面表面排水时，单向三车道及以下的路面汇流历时可取5min；单向三车道以上的路面汇流历时可按式(9.1.4)计算确定，可不计沟管内汇流历时。

9.1.4 坡面汇流历时可按式(9.1.4)计算确定。

$$t_1 = 1.445\left(\frac{sL_p}{\sqrt{i_p}}\right)^{0.467} \quad (L_p \leq 370\text{m}) \tag{9.1.4}$$

式中:t_1——坡面汇流历时(min);
L_p——坡面流的长度(m);
i_p——坡面流的坡度;
s——地表粗度系数,按地表情况查表9.1.4确定。

表9.1.4 地表粗度系数 s

地表状况	粗度系数 s	地表状况	粗度系数 s
沥青路面、水泥混凝土路面	0.013	牧草地、草地	0.40
光滑的不透水地面	0.02	落叶树林	0.60
光滑的压实土地面	0.10	针叶树林	0.80
稀疏草地、耕地	0.20		

9.1.5 计算沟管内汇流历时时,应在断面尺寸、坡度变化点或者有支沟(支管)汇入处分段,分别计算各段的汇流历时,再叠加而得,可按式(9.1.5-1)计算确定。当沿程有旁侧入流时,第一段沟管的平均流速可用该段沟管的末断面流速乘折减系数0.75计算,其余各段可用上、下端断面流速的平均值计算。

$$t_2 = \sum_{m=1}^{n} \left(\frac{l_m}{60 v_m} \right) \quad (9.1.5\text{-}1)$$

式中:t_2——沟管内汇流历时(min);
n、m——分段数和分段序号;
l_m——第 m 段的长度(m);
v_m——第 m 段沟管的平均流速(m/s),可按式(9.2.3)计算确定,也可按式(9.1.5-2)近似估算;

$$v_m = 20 i_m^{0.6} \quad (9.1.5\text{-}2)$$

i_m——第 m 段沟管的平均坡度。

9.1.6 当地气象站有10年以上自记雨量计资料时,宜利用气象站观测资料,经统计分析,确定相关参数后按式(9.1.6)计算设计重现期和降雨历时内的平均降雨强度。

$$q_{p,t} = \frac{a_p}{(t+b)^n} \quad (9.1.6)$$

其中 $a_p = c + d \lg P$

式中: t——降雨历时(min);
P——重现期(a);
b、n、c、d——回归系数。

9.1.7 当地缺乏自记雨量计资料时,可利用标准降雨强度等值线图和有关转换系数,按式(9.1.7)计算降雨强度。

$$q_{p,t} = c_p c_t q_{5,10} \tag{9.1.7}$$

式中：$q_{5,10}$——5年重现期和10min降雨历时的标准降雨强度（mm/min），按公路所在地区，由图9.1.7-1查取；

c_p——重现期转换系数，为设计降雨重现期降雨强度q_p与标准重现期降雨强度q_5的比值（q_p/q_5），按公路所在地区由表9.1.7-1查取；

c_t——降雨历时转换系数，为降雨历时t的降雨强度q_t与10min降雨历时的降雨强度q_{10}的比值（q_t/q_{10}），按公路所在地区的60min转换系数c_{60}，由表9.1.7-2查取，c_{60}可由图9.1.7-2查取。

表9.1.7-1 重现期转换系数c_p

地 区		重现期P（年）			
		3	5	10	15
海南、广东、广西、云南、贵州、四川东、湖南、湖北、福建、江西、安徽、江苏、浙江、上海、台湾		0.86	1.00	1.17	1.27
黑龙江、吉林、辽宁、北京、天津、河北、山西、河南、山东、四川西、西藏		0.83	1.00	1.22	1.36
内蒙古、陕西、甘肃、宁夏、青海、新疆	非干旱区	0.76	1.00	1.34	1.54
	干旱区*	0.71	1.00	1.44	1.72

注：* 干旱区约相当于5年一遇10min降雨强度小于0.5mm/min的地区。

表9.1.7-2 降雨历时转换系数c_t

c_{60}	降雨历时t（min）										
	3	5	10	15	20	30	40	50	60	90	120
0.30	1.40	1.25	1.00	0.77	0.64	0.50	0.40	0.34	0.30	0.22	0.18
0.35	1.40	1.25	1.00	0.80	0.68	0.55	0.45	0.39	0.35	0.26	0.21
0.40	1.40	1.25	1.00	0.82	0.72	0.59	0.50	0.44	0.40	0.30	0.25
0.45	1.40	1.25	1.00	0.84	0.76	0.63	0.55	0.50	0.45	0.34	0.29
0.50	1.40	1.25	1.00	0.87	0.80	0.68	0.60	0.55	0.50	0.39	0.33

条文说明

降雨强度等值线图是依据5年重现期10min降雨历时绘制而成的。

重现期转换系数表c_p，由各地代表性变差系数c_v按频率曲线计算用表计算得出，线型为皮尔逊Ⅲ型。c_{60}图由《中国年最大10分钟点雨量均值、变差系数等值线图》及《中国年最大1小时、6小时点雨量均值、变差系数等值线图》的有关图表计算绘制。

历时转换系数c_t与历时t的关系，在双对数纸上呈上凸形曲线。以c_{60}为参数绘制c_t-c_{60}-t曲线，5min降雨历时转换系数c_5变幅很小，且与c_{60}无关，因此采用单一值。3min降雨转换系数c_3系根据全国综合的c_t-t关系曲线外推估计而得。

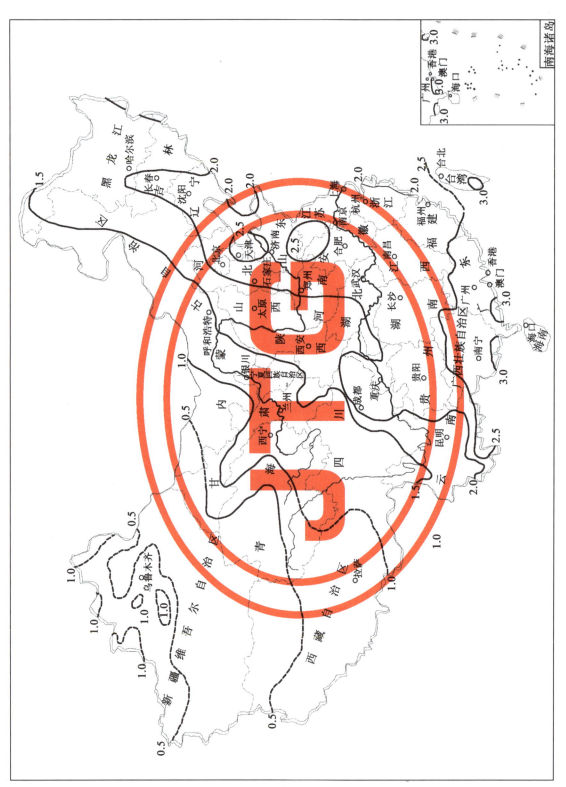

图9.1.7-1 中国5年一遇10min降雨强度($q_{5,10}$)等值线图(mm/min)

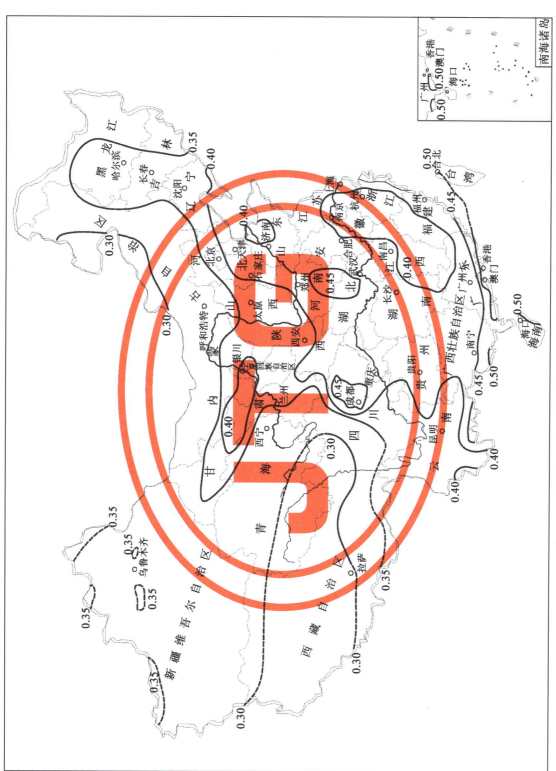

图9.1.7-2 中国60min降雨强度转换系数（c_{60}）等值线图 (mm/min)

9.1.8 径流系数应按汇水区域内的地表种类由表9.1.8确定。当汇水区域内有多种类型的地表时,应分别为每种类型选取径流系数后,按相应的面积大小取加权平均值。

表9.1.8 径流系数 ψ

地表种类	径流系数 ψ	地表种类	径流系数 ψ
沥青混凝土路面	0.95	陡峻的山地	0.75~0.90
水泥混凝土路面	0.90	起伏的山地	0.60~0.80
透水性沥青路面	0.60~0.80	起伏的草地	0.40~0.65
粒料路面	0.40~0.60	平坦的耕地	0.45~0.60
粗粒土坡面和路肩	0.10~0.30	落叶林地	0.35~0.60
细粒土坡面和路肩	0.40~0.65	针叶林地	0.25~0.50
硬质岩石坡面	0.70~0.85	水田、水面	0.70~0.80
软质岩石坡面	0.50~0.75		

条文说明

径流系数受降雨强度、降雨历时、地表覆盖状况、土壤种类和湿度等多种因素的影响,虽可通过实地试验确定,但目前大部分国家都直接按汇水区域内的地表特性查表选定。本规范参照我国《室外排水设计规范》(GB 50014—2006)(2011)、美国土木工程师学会《污水和雨水管设计和施工手册,No.37》(1960)和日本土木学会《水理公式集》(1985)中所列数值,并结合工程经验,汇总成表9.1.8。

9.1.9 设计径流量的计算过程可参照图9.1.9进行。

9.2 沟和管的水力计算

9.2.1 沟和管的水力计算,应包括依据设计流量确定沟和管所需的断面尺寸,以及检查水流速度是否在允许范围内等内容。

条文说明

沟和管的设计,应使沟和管具有合理的断面形状和尺寸,既能满足排泄设计流量的需要,又不致引起冲刷和淤积。因此,要求沟和管的水力计算包括断面计算和流速检验两方面内容。

9.2.2 沟或管的泄水能力 Q_c 可按式(9.2.2)计算。

$$Q_c = vA \quad (9.2.2)$$

式中：v——沟或管内的平均流速(m/s)；

A——过水断面面积(m^2)，各种沟或管过水断面的面积计算可按附录 B 执行。

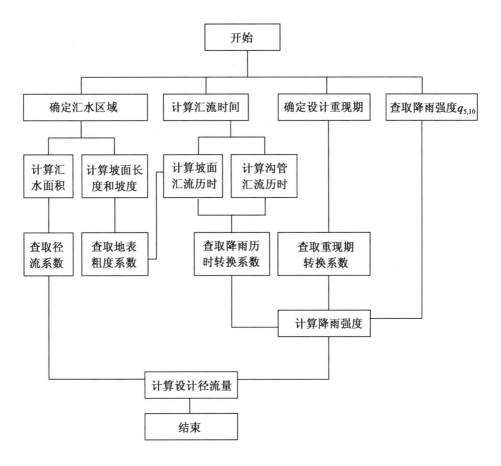

图9.1.9 设计径流量计算过程

9.2.3 沟或管内的平均流速 v 可按式(9.2.3)计算。

$$v = \frac{1}{n}R^{\frac{2}{3}}I^{\frac{1}{2}} \quad (9.2.3)$$

式中：n——沟壁或管壁的粗糙系数，可按表9.2.3查取；

R——水力半径(m)，各种沟或管的水力半径计算式可参考附录 B；

$$R = \frac{A}{\rho}$$

ρ——过水断面湿周(m)；

I——水力坡度，无旁侧入流的明沟，水力坡度可采用沟的底坡；有旁侧入流的明沟，水力坡度可采用沟段的平均水面坡降。

表9.2.3 沟壁或管壁的粗糙系数 n

沟或管类别	n	沟或管类别	n
塑料管（聚氯乙烯）	0.010	土质明沟	0.022
石棉水泥管	0.012	带杂草土质明沟	0.027
水泥混凝土管	0.013	砂砾质明沟	0.025
陶土管	0.013	岩石质明沟	0.035
铸铁管	0.015	植草皮明沟（流速0.6m/s）	0.050~0.090
波纹管	0.027	植草皮明沟（流速1.8m/s）	0.035~0.050
沥青路面（光滑）	0.013	浆砌片石明沟	0.025
沥青路面（粗糙）	0.016	干砌片石明沟	0.032
水泥混凝土路面（镘抹面）	0.014	水泥混凝土明沟（镘抹面）	0.015
水泥混凝土路面（拉毛）	0.016	水泥混凝土明沟（预制）	0.012

9.2.4 浅沟可按以下要求计算其泄水能力：

1 单一横坡的浅三角形沟的泄水能力 Q_c 可按式(9.2.4-1)计算。

$$Q_c = 0.377 \frac{1}{i_h n} h^{\frac{8}{3}} I^{\frac{1}{2}} \qquad (9.2.4\text{-}1)$$

式中：i_h——沟或过水断面的横向坡度；

h——沟或过水断面的水深(m)。

2 复合横坡浅三角形沟的泄水能力可按式(9.2.4-1)计算泄水能力乘以系数 ξ 求得，ξ 由式(9.2.4-2)确定。计算示意如图9.2.4所示。

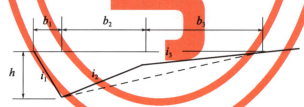

图9.2.4 双向开口且有变坡浅三角形沟过水断面计算图

3 其他深宽比小于1:6的浅沟的泄水能力可取式(9.2.2)的计算泄水能力乘以1.2。

$$\xi = \{1 - (1-\gamma)[(1+\alpha\beta)^{-1} - (1+\beta)^{-1}]\}^{\frac{5}{3}} \qquad (9.2.4\text{-}2)$$

式中：α、β、γ——系数，其中 $\alpha = \frac{i_2}{i_3}$，$\beta = \frac{b_2}{b_3}$，$\gamma = \frac{b_1}{b_1+b_2+b_3}$。

条文说明

过水断面的水面宽度远大于水深，以及沟或过水断面的水深与沟的水面宽度之比小于1:6时，水力半径不能充分反映这种断面的特性。因此，需要对公式进行修正。

9.2.5 沟和管的允许流速应符合以下规定：

1 明沟的最小允许流速为 0.4m/s,暗沟和管的最小允许流速为 0.75m/s。

2 管的最大允许流速为:金属管 10m/s;非金属管 5m/s。

3 明沟的最大允许流速,可根据沟壁材料和水深修正系数确定。不同沟壁材料在水深为 0.4~1.0m 时的最大允许流速,可按表 9.2.5-1 取用;其他水深的最大允许流速,应乘以表 9.2.5-2 中相应的水深修正系数。

表 9.2.5-1 明沟的最大允许流速(m/s)

明沟类别	亚砂土	亚黏土	干砌片石	浆砌片石	黏土	草皮护面	水泥混凝土
允许最大流速	0.8	1.0	2.0	3.0	1.2	1.6	4.0

表 9.2.5-2 最大允许流速的水深修正系数

水深 h(m)	≤0.4	0.4<h≤1.0	1.0<h<2.0	h≥2.0
修正系数	0.85	1.00	1.25	1.40

9.3 泄水口水力计算

9.3.1 泄水口的水力计算,应包括依据设计流量和截流要求确定泄水口的尺寸和布设间距等内容。

9.3.2 在纵坡坡段上的开口式泄水口,设计泄水量应根据开口长度 L_i、低凹区的宽度 B_w、下凹深度 h_a 以及过水断面的纵向坡度 i_z 和横向坡度 i_h 确定,如图 9.3.2 所示。可利用附录 C 中图 C-1~图 C-6 查取截流率(Q_0/Q_c)后,按过水断面泄水能力 Q_c 确定其设计泄水量 Q_0,泄水口开口长度、下凹区宽度和下凹深度取值应根据喇叭口的形状和尺寸确定。

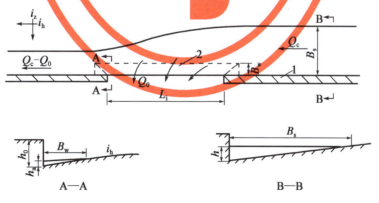

图 9.3.2 开口式泄水口周围的水流状况
1-拦水带或缘石;2-低凹区

条文说明

在纵坡坡段上,开口式泄水口的截流率主要随开口长度的增加而增大,也同开口处是否设置低凹区有关。低凹区越宽,下凹深度越大,截流量便越大。由于计算公式较烦琐,因此,本规范推荐采用诺模图的形式,并列出了几种常用开口长度和低凹区尺寸组合条件下的截流率计算用图(见附录C)。

9.3.3 在凹形竖曲线底部的开口式泄水口的设计泄水量,应按泄水口处的水深和泄水口的尺寸确定。

1 开口处设有低凹区,当开口处的净高 h_0 大于或等于由图9.3.3-1确定的满足堰流要求的最小高度 h_m 时,可利用图9.3.3-2确定开口的泄水量 Q_0 或最大水深 h_i。

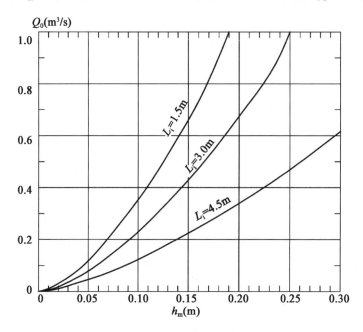

图9.3.3-1 开口式泄水口满足堰流要求的最小开口高度 h_m 计算图

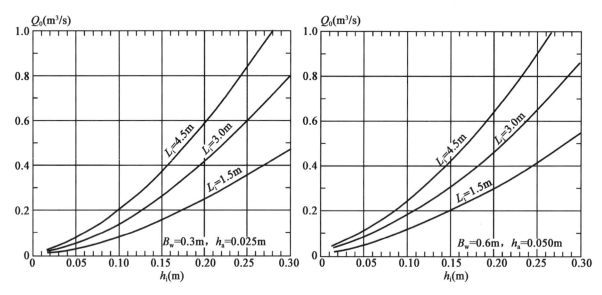

图9.3.3-2 开口处净高 h_0 大于或等于 h_m 时开口的泄水量 Q_0 或最大水深 h_i 计算图

2 不设低凹区时可按式(9.3.3-1)确定其泄水量 Q_0。

$$Q_0 = 1.66 L_i h_i^{1.5} \qquad (9.3.3\text{-}1)$$

3 当开口处水深 h_i 超过净高 h_0 的1.4倍时,可按式(9.3.3-2)确定其泄水量 Q_0。

$$Q_0 = 13.14h_0L_i(h_i - 0.5h_0) \tag{9.3.3-2}$$

条文说明

在凹形竖曲线底部,表面水由前后两个方向向下流入泄水口。水流进入泄水口的状态,同该处的水深有关。当水深低于泄水口的孔口高度(即拦水带或缘石高度)时,水流呈堰流状态。而当水深淹没开口,超过1.4倍孔口高度时,水流呈孔口流状态。水深在这二者之间时,水流处于中间状态。图9.3.3-1中的曲线所示为通过试验确定的满足堰流条件的孔口最小高度要求。此曲线也可用于判别水流状态。

9.3.4 在纵坡坡段上的格栅式泄水口,其设计泄水量为过水断面中格栅宽度 B_g 所截流的部分,如图9.3.4所示,可利用式(9.2.4-1)确定。格栅孔口所需的最小净长度 L_g 可按式(9.3.4)确定。

$$L_g = 0.91v_g(h_i + d)^{0.5} \tag{9.3.4}$$

式中:L_g——格栅孔口的最小净长度(m);
v_g——格栅宽度范围内水流的平均流速(m/s);
d——格栅栅条的厚度(m)。

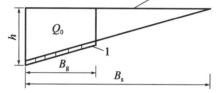

图9.3.4 格栅式泄水口过水断面
1-格栅;2-水面

条文说明

在纵坡坡段上,格栅式泄水口会拦截所有流经该格栅宽度范围内的水流,而流经该格栅宽度范围外的水流则溢流到泄水口的下方,会同下方的径流流向下一个泄水口。因而,格栅的泄水量可利用浅三角形沟或过水断面的流量计算公式,先确定其过水断面后,按格栅宽度所截取的过水断面面积确定,如图9.3.4所示。

格栅的铁条平行于水流方向布置,其孔口间隙应至少占格栅宽度的一半以上。同时,孔口应有足够的长度,使水能自由落入,以保证格栅的泄水效率。为此,提出了满足孔口最小净长度的要求。

9.3.5 在凹形竖曲线底部的格栅式泄水口,其泄水量计算应符合以下规定:

1 当格栅上面的水深 h_i 小于0.12m时,泄水量 Q_0 可按下式(9.3.5-1)计算。

$$Q_0 = 1.66p_gh_i^{1.5} \tag{9.3.5-1}$$

式中:p_g——格栅的有效周边长,为格栅进水周边边长之和的一半(m)。

2 当格栅上面的水深 h_i 大于0.43m时,泄水量 Q_0 可按下式(9.3.5-2)计算。

$$Q_0 = 2.96S_ih_i^{0.5} \tag{9.3.5-2}$$

式中:S_i——格栅孔口净泄水面积的一半(m²)。

3 当格栅上的水深处于0.12～0.43m之间时,其泄水量介于式(9.3.5-1)和式(9.3.5-2)的计算结果之间,可按水深通过直线内插得到。

条文说明

在凹形竖曲线底部,泄水口有前后两个方向的进水。其水流状态同格栅上面的水深有关。当水深小于0.12m时,进入泄水口的水流为堰流状态,堰顶的长度大致等于格栅进水周边的边长。靠缘石或拦水带一侧的周边不计入内。当水深超过0.43m时,进入泄水口的水流呈孔口流状态,其泄水量同格栅的孔口净面积有关。而当水深处于0.12～0.43m之间时,由于紊流和其他干扰,进入泄水口的水流呈不确定状态,其泄水量在两种状态的泄水量之间,可按水深通过直线插值近似确定。

因为格栅孔口的空隙有可能被杂物堵塞,因此,规定进水周边边长和孔口净进水面积的有效值均按实际数值除以安全系数2后取用。

9.3.6 在纵坡坡段上,上方第一个泄水口的位置按保证过水断面或沟内的水面宽度不超出第4.2.1条第4款规定的允许范围的原则确定,随后各泄水口的间距按该段长度内所产生的径流量与该泄水口的泄水量相等的原则计算确定。坡段上最后一个泄水口的溢流量计入进入凹形竖曲线底部的泄水口的流量。

9.3.7 拦水带或缘石泄水口水力计算的过程,可按图9.3.7进行;其他情况的泄水口,可参考进行。

9.4 地下排水设施水力计算

9.4.1 渗沟沟底设在不透水层上或不透水层内,且不透水层的横向坡度较小时,可采用地下水自然流动速度近于零的假设,按式(9.4.1-1)～式(9.4.1-4)计算单位长度渗沟由沟壁一侧流入沟内的流量,如图9.4.1所示。当水由两侧流入渗沟内时,上述渗沟流量应乘以2。

$$Q_s = \frac{k_h(h_c^2 - h_g^2)}{2L_s} \quad (9.4.1\text{-}1)$$

$$h_g = \frac{I_0}{2 - I_0} h_c \quad (9.4.1\text{-}2)$$

$$L_s = \frac{h_c - h_g}{I_0} \quad (9.4.1\text{-}3)$$

$$I_0 = \frac{1}{3\,000\sqrt{k_h}} \quad (9.4.1\text{-}4)$$

式中:Q_s——单位长度渗沟一侧沟壁的地下水渗入量[m³/(s·m)];

h_c——含水层内地下水位的高度(m);

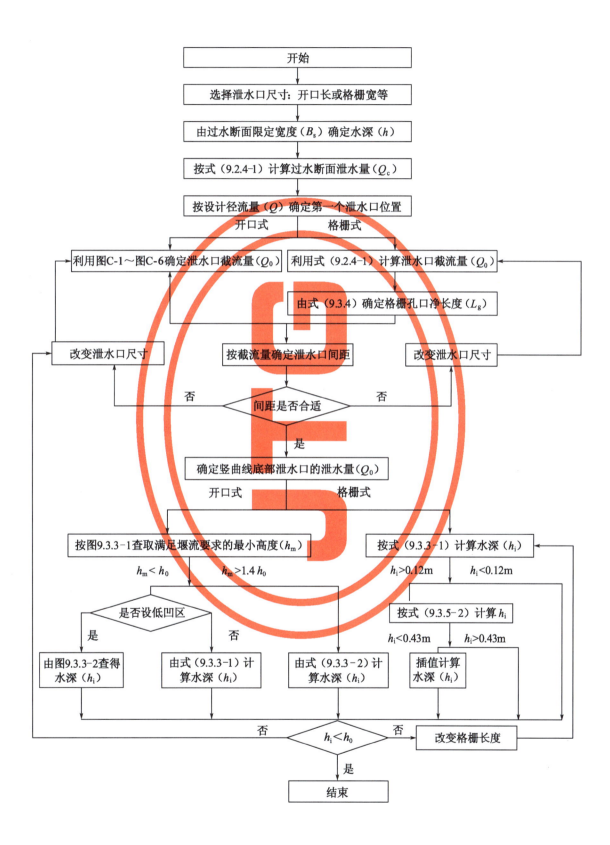

图 9.3.7 泄水口水力计算框图

h_g——渗沟内的水流深度(m);当渗沟底位于不透水层内,且渗沟内水面低于不透水层顶面时,按式(9.4.1-2)取用;

k_h——含水层材料的渗透系数(m/s),见表6.2.5;

L_s——地下水位受渗沟影响而降落的水平距离(m),可按式(9.4.1-3)确定;

I_0——地下水位降落曲线的平均坡度,可按含水层材料的渗透系数由近似公式(9.4.1-4)估算。

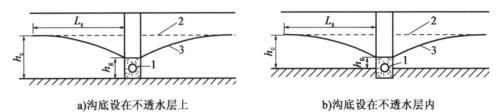

图9.4.1 不透水层坡度平缓时的渗沟流量计算
1-渗沟;2-地下水位;3-地下水降落曲线

9.4.2 渗沟沟底距不透水层顶面较远时,位于含水层内的单位长度渗沟的流量Q_s可按式(9.4.2)计算确定,如图9.4.2所示。

$$Q_s = \frac{\pi k_h h_s}{2\ln\left(\frac{2L_s}{L_l}\right)} \tag{9.4.2}$$

式中:L_l——两相邻渗沟间距之半(m);

h_s——渗沟位置处地下水位的下降幅度(m)。

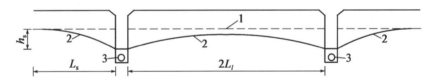

图9.4.2 渗沟沟底距不透水层顶面较远时渗沟流量的计算
1-原地下水位;2-降低后地下水位;3-渗沟

9.4.3 不透水层的横向坡度较陡时,可按式(9.4.3)计算单位长度渗沟由沟壁一侧流入沟内的流量Q_s,如图9.4.3所示。

$$Q_s = k_h i_h h_s \tag{9.4.3}$$

9.4.4 渗沟水力计算应符合以下规定:

1 盲沟(填石渗沟)泄水能力Q_c应按式(9.4.4-1)计算。

$$Q_c = w k_m \sqrt{i_z} \tag{9.4.4-1}$$

式中:w——渗透面积(m²);

k_m——紊流状态时的渗流系数(m/s),当已知填料粒径d(cm)和孔隙率n(%)时,按式(9.4.4-2)计算,也可参考表9.4.4确定。

$$k_{\mathrm{m}} = \left(20 - \frac{14}{d}\right)n \cdot \sqrt{d} \qquad (9.4.4\text{-}2)$$

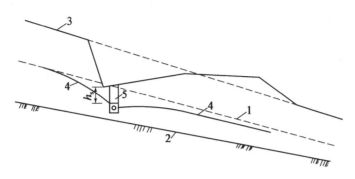

图 9.4.3 不透水层的横向坡度较陡时的渗沟流量计算
1-原地下水位;2-不透水层;3-坡面;4-设渗沟后地下水位;5-渗沟

设每颗填料均为球体(体积 $= \frac{1}{6}\pi d^3$),则 N 颗填料的平均粒径 $d(\mathrm{cm})$ 可按式(9.4.4-3)计算。

$$d = \sqrt[3]{\frac{6G}{\pi N \gamma_{\mathrm{s}}}} \qquad (9.4.4\text{-}3)$$

式中:γ_{s}——填料固体粒径的重度($\mathrm{kN/m^3}$);

G——N 颗填料的重力(kN)。

表 9.4.4 排水层填料渗透系数

换算成球形的颗粒直径 $d(\mathrm{cm})$	排水层填料孔隙率(%)		
	0.40	0.45	0.50
	渗透系数 $k_{\mathrm{m}}(\mathrm{m/s})$		
5	0.15	0.17	0.19
10	0.23	0.26	0.29
15	0.30	0.33	0.37
20	0.35	0.39	0.43
25	0.39	0.44	0.49
30	0.43	0.48	0.53

2 洞(管)式渗沟的泄水能力 Q_c 应按式(9.2.2)计算。

9.4.5 渗沟埋置深度 h_2,应按式(9.4.5)计算,如图 9.4.5 所示。

$$h_2 = Z + p + \varepsilon + f + h_3 - h_1 \qquad (9.4.5)$$

式中:h_2——渗沟埋置深度(m);

Z——沿路基中线的冻结深度(m),非冰冻地区取0;

p——冻结地区沿中线处冻结线至毛细水上升曲线的间距,可取 0.25m;非冰冻地区路床顶面至毛细水上升曲线的距离,可取 0.5m;

ε——毛细水上升高度(m);

f——路基范围内水力降落曲线的最大高度(m),与路基宽度 B_0 及 I_0 有关,可近似取 $f = B_0/I_0$;

h_3——渗沟底部的水柱高度(m),一般取 0.3~0.4m;

h_1——自路基中线顶高计算的边沟深度(m)。

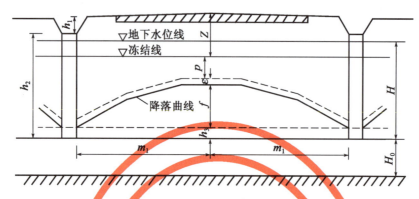

图9.4.5 渗沟埋置深度计算

H-地下水位高度;H_0-隔水层高度;m_1-渗沟边缘至路基中线的距离

9.4.6 渗井计算应符合以下规定:

1 位于含水层内的单位长度渗井的流量 Q_s 应按式(9.4.6-1)计算确定(图9.4.6)。

$$Q_s = 1.36 \frac{k_h(h_j^2 - h_d^2)}{\lg \frac{R}{r_0}} \quad (9.4.6\text{-}1)$$

式中:h_j——井内水深(m);

h_d——地下水位高于井底的高度(m);

R——影响半径(m),可根据抽水试验确定,或用下列经验公式计算:

$$R = 3\,000S\sqrt{k_h}$$

S——抽水降深(m),即地下水位与井内水位的高差,对于渗水井:

$$S = h_j - h_d$$

r_0——渗井半径(m)。

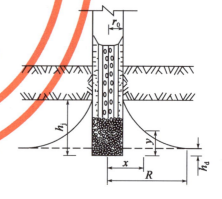

图9.4.6 含水层内渗井的流量计算

2 可据渗井的最大排水量(设计流量 Q_s),按式(9.4.6-2)估算渗井孔径 D。

$$D = \frac{Q_s}{65\pi h_j \sqrt[3]{k_h}} \quad (9.4.6\text{-}2)$$

式中:Q_s——设计流量(m³/s)。

3 当需要排除的水量较多,单个井点的孔径又不宜过大时,可采取群井分担排水,井点的数量可按式(9.4.6-3)估算,且平面间距不宜大于两倍影响半径(2R)。

$$N = \frac{1}{\beta}\frac{W}{Q_s t_p} \qquad (9.4.6\text{-}3)$$

式中：N——井点的数量(个)；

W——降低地下水所需的总排水量(m^3)；

t_p——达到预定下降水位所需的排水时间(h)；

Q_s——单井的排水能力(m^3/h)；

β——群井的相互干扰系数，一般取 0.24~0.33。

附录 A 各种排水构造物用圬工材料强度要求

表 A 各种排水构造物的材料强度要求

材料类型	最低强度要求	使用场合
砖	MU10	检查井
片石	MU30	沟底和沟壁铺砌
水泥砂浆	M10（寒冷地区）或 M7.5（其他地区）	浆砌、抹面
水泥混凝土	C25（寒冷地区）或 C20（其他地区）	混凝土构件
水泥混凝土	C15	混凝土基础

附录 B 各种沟管的水力半径和过水断面面积计算表

表 B-1 沟管水力半径和过水断面面积计算公式

断面形状	断面图	断面面积 A	水力半径 R
矩形		$A = bh$	$R = \dfrac{bh}{b+2h}$
三角形		$A = 0.5bh$	$R = \dfrac{0.5b}{1+\sqrt{1+m^2}}$
三角形		$A = 0.5bh$	$R = \dfrac{0.5b}{\sqrt{1+m_1^2}+\sqrt{1+m_2^2}}$
梯形		$A = 0.5(b_1+b_2)h$	$R = \dfrac{0.5(b_1+b_2)h}{b_2+h(\sqrt{1+m_1^2}+\sqrt{1+m_2^2})}$
圆形	充满度 $a=H/2d$ $\varphi = \arccos(1-2a)$ φ 为弧度	$A = d^2\left(\varphi - \dfrac{1}{2}\sin 2\varphi\right)$	$R = \dfrac{d}{2}\left(1 - \dfrac{\sin 2\varphi}{2\varphi}\right)$

表 B-2 U 形排水沟水力半径和过水断面面积

形 式	断 面 图	尺寸(m)			断面面积 A (m^2)	水力半径 R (m)
		b_1	b_2	h		
U 形排水沟		0.18	0.17	0.18	0.033	0.050
		0.24	0.22	0.24	0.055	0.079
		0.30	0.26	0.24	0.067	0.091
		0.30	0.26	0.30	0.084	0.098
		0.36	0.31	0.30	0.101	0.110
		0.36	0.31	0.36	0.121	0.117
		0.45	0.40	0.45	0.191	0.147
		0.60	0.54	0.60	0.342	0.196

附录C 开口式泄水口截流率计算诺谟图

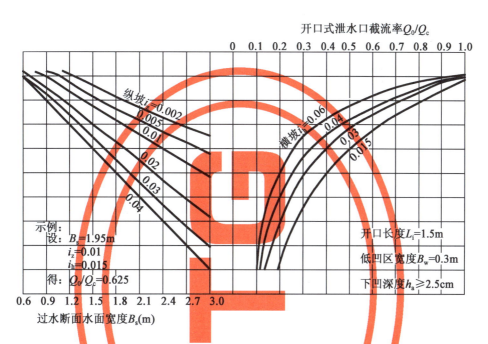

图 C-1 开口长度 $L_i=1.5m$，低凹区宽度 $B_w=0.3m$，下凹深度 $h_a \geqslant 2.5cm$

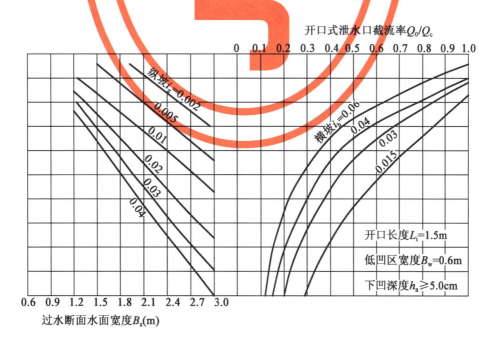

图 C-2 开口长度 $L_i=1.5m$，低凹区宽度 $B_w=0.6m$，下凹深度 $h_a \geqslant 5.0cm$

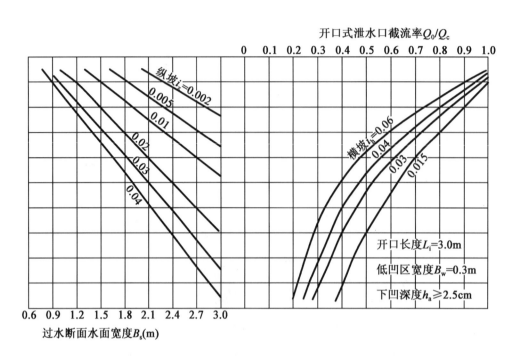

图 C-3 开口长度 $L_i=3.0\mathrm{m}$，低凹区宽度 $B_w=0.3\mathrm{m}$，下凹深度 $h_a \geq 2.5\mathrm{cm}$

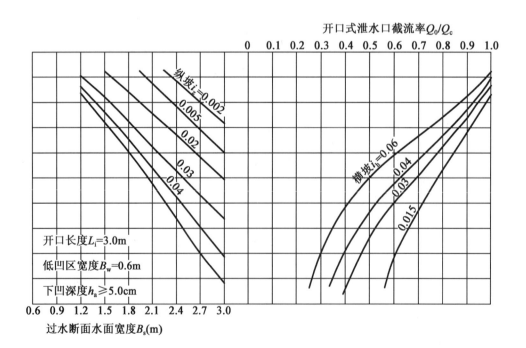

图 C-4 开口长度 $L_i=3.0\mathrm{m}$，低凹区宽度 $B_w=0.6\mathrm{m}$，下凹深度 $h_a \geq 5.0\mathrm{cm}$

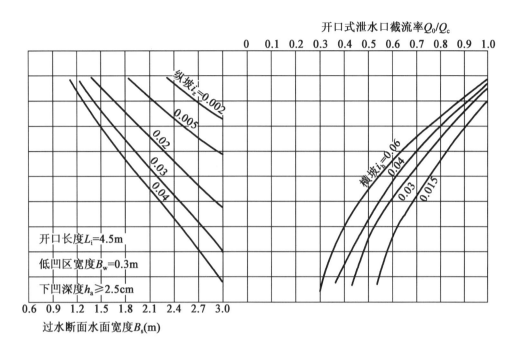

图 C-5 开口长度 $L_i=4.5m$，低凹区宽度 $B_w=0.3m$，下凹深度 $h_a \geqslant 2.5cm$

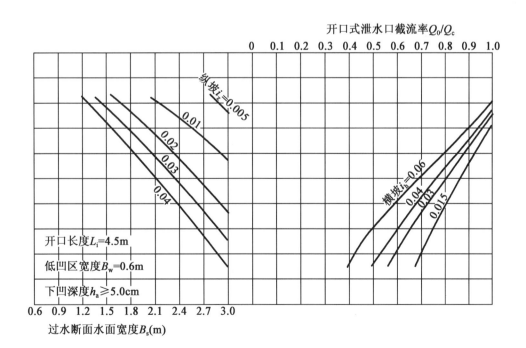

图 C-6 开口长度 $L_i=4.5m$，低凹区宽度 $B_w=0.6m$，下凹深度 $h_a \geqslant 5.0cm$

本规范用词用语说明

1 对执行规范条文严格程度的用词,采用以下写法:
1)表示很严格,非这样做不可的用词:
正面词采用"必须",反面词采用"严禁"。
2)表示严格,在正常情况下均应这样做的用词:
正面词采用"应",反面词采用"不应"或"不得"。
3)表示允许稍有选择,在条件许可时首先应这样做的用词:
正面词采用"宜",反面词采用"不宜"。
表示有选择,在一定条件下可以这样做的用词,采用"可"。
2 条文中指明应按其他有关标准执行的写法为:"应符合……的规定"或"应按……执行"。

公路工程现行标准、规范、规程、指南一览表

(2016年11月版)

序号	类别	编 号	书名(书号)	定价(元)
1	基础	JTG A02—2013	公路工程行业标准制修订管理导则(10544)	15.00
2		JTG A04—2013	公路工程标准编写导则(10538)	20.00
3		JTJ 002—87	公路工程名词术语(0346)	22.00
4		JTJ 003—86	公路自然区划标准(0348)	16.00
5		JTG B01—2014	★公路工程技术标准(活页夹版,11814)	98.00
6		JTG B01—2014	★公路工程技术标准(平装版,11829)	68.00
7		JTG B02—2013	公路工程抗震规范(11120)	45.00
8		JTG/T B02-01—2008	公路桥梁抗震设计细则(13318)	45.00
9		JTG B03—2006	公路建设项目环境影响评价规范(0927)	26.00
10		JTG B04—2010	公路环境保护设计规范(08473)	28.00
11		JTG B05—2015	★公路项目安全性评价规范(12806)	45.00
12		JTG B05-01—2013	公路护栏安全性能评价标准(10992)	30.00
13		JTG B06—2007	公路工程基本建设项目概算预算编制办法(06903)	26.00
14		JTG/T B06-01—2007	★公路工程概算定额(06901)	110.00
15		JTG/T B06-02—2007	★公路工程预算定额(06902)	138.00
16		JTG/T B06-03—2007	★公路工程机械台班费用定额(06900)	24.00
17		交通部定额站2009版	公路工程施工定额(07864)	78.00
18		JTG/T B07-01—2006	公路工程混凝土结构防腐蚀技术规范(0973)	16.00
19		交通部2007年第30号	国家高速公路网相关标志更换工作实施技术指南(1124)	58.00
20		交通部2007年第35号	收费公路联网收费技术要求(1126)	62.00
21		交通运输部2015年第40号	★收费公路联网收费多义性路径识别技术要求(12484)	40.00
22		JTG B10-01—2014	公路电子不停车收费联网运营和服务规范(11566)	30.00
23		交通运输部2011年	公路工程项目建设用地指标(09402)	36.00
24	勘测	JTG C10—2007	★公路勘测规范(06570)	28.00
25		JTG/T C10—2007	★公路勘测细则(06572)	42.00
26		JTG C20—2011	公路工程地质勘察规范(09507)	65.00
27		JTG/T C21-01—2005	公路工程地质遥感勘察规范(0839)	17.00
28		JTG/T C21-02—2014	公路工程卫星图像测绘技术规程(11540)	25.00
29		JTG/T C22—2009	公路工程物探规程(1311)	28.00
30		JTG C30—2015	★公路工程水文勘测设计规范(12063)	70.00
31	设计	公路	JTG D20—2006	★公路路线设计规范(0996)	38.00
32			JTG/T D21—2014	公路立体交叉设计细则(11761)	60.00
33			JTG D30—2015	★公路路基设计规范(12147)	98.00
34			JTG/T D31—2008	沙漠地区公路设计与施工指南(1206)	32.00
35			JTG/T D31-02—2013	★公路软土地基路堤设计与施工技术细则(10449)	40.00
36			JTG/T D31-03—2011	★采空区公路设计与施工技术细则(09181)	40.00
37			JTG/T D31-04—2012	多年冻土地区公路设计与施工技术细则(10260)	40.00
38			JTG/T D32—2012	★公路土工合成材料应用技术规范(09908)	42.00
39			JTG D40—2011	★公路水泥混凝土路面设计规范(09463)	40.00
40			JTG D50—2006	★公路沥青路面设计规范(06248)	36.00
41			JTG/T D33—2012	公路排水设计规范(10337)	40.00
42		桥隧	JTG D60—2015	★公路桥涵设计通用规范(12506)	40.00
43			JTG/T D60-01—2004	公路桥梁抗风设计规范(0814)	28.00
44			JTG D61—2005	公路圬工桥涵设计规范(13355)	30.00
45			JTG D62—2004	公路钢筋混凝土及预应力混凝土桥涵设计规范(05052)	48.00
46			JTG D63—2007	公路桥涵地基与基础设计规范(06892)	48.00
47			JTG D64—2015	★公路钢结构桥梁设计规范(12507)	80.00
48			JTG D64-01—2015	公路钢混组合桥梁设计与施工规范(12682)	45.00
49			JTG/T D65-01—2007	公路斜拉桥设计细则(1125)	28.00
50			JTG/T D65-04—2007	公路涵洞设计细则(06628)	26.00
51			JTG/T D65-05—2015	公路悬索桥设计规范(12674)	55.00
52			JTG/T D65-06—2015	公路钢管混凝土拱桥设计规范(12514)	40.00
53			JTG D70—2004	公路隧道设计规范(05180)	50.00
54			JTG/T D70—2010	★公路隧道设计细则(08478)	66.00
55			JTG D70/2—2014	公路隧道设计规范 第二册 交通工程与附属设施(11543)	50.00
56			JTG/T D70/2-01—2014	公路隧道照明设计细则(11541)	35.00
57			JTG/T D70/2-02—2014	公路隧道通风设计细则(11546)	70.00

续上表

序号	类别	编 号	书名(书号)	定价(元)
58	交通工程	JTG D80—2006	高速公路交通工程及沿线设施设计通用规范(0998)	25.00
59		JTG D81—2006	★公路交通安全设施设计规范(0977)	25.00
60		JTG/T D81—2006	★公路交通安全设施设计细则(0997)	35.00
61	设计	JTG D82—2009	公路交通标志和标线设置规范(07947)	116.00
62	综合	交公路发〔2007〕358号	公路工程基本建设项目设计文件编制办法(06746)	26.00
63		交公路发〔2007〕358号	公路工程基本建设项目设计文件图表示例(06770)	600.00
64		交公路发〔2015〕69号	公路工程特殊结构桥梁项目设计文件编制办法(12455)	30.00
65	检测	JTG E20—2011	公路工程沥青及沥青混合料试验规程(09468)	106.00
66		JTG E30—2005	公路工程水泥及水泥混凝土试验规程(13319)	55.00
67		JTG E40—2007	★公路土工试验规程(06794)	79.00
68		JTG E41—2005	公路工程岩石试验规程(0828)	18.00
69		JTG E42—2005	公路工程集料试验规程(13353)	50.00
70		JTG E50—2006	★公路工程土工合成材料试验规程(0982)	28.00
71		JTG E51—2009	公路工程无机结合料稳定材料试验规程(08046)	48.00
72		JTG E60—2008	公路路基路面现场测试规程(07296)	38.00
73		JTG/T E61—2014	公路路面技术状况自动化检测规程(11830)	25.00
74	施工	公路	JTG F10—2006	公路路基施工技术规范(06221)	40.00
75			JTG/T F20—2015	★公路路面基层施工技术细则(12367)	45.00
76			JTG/T F30—2014	公路水泥混凝土路面施工技术细则(11244)	60.00
77			JTG/T F31—2014	公路水泥混凝土路面再生利用技术细则(11360)	30.00
78			JTG F40—2004	★公路沥青路面施工技术规范(05328)	38.00
79			JTG F41—2008	公路沥青路面再生技术规范(07105)	25.00
80		桥隧	JTG/T F50—2011	★公路桥涵施工技术规范(09224)	110.00
81			JTG/T F81-01—2004	公路工程基桩动测技术规程(0783)	20.00
82			JTG F60—2009	公路隧道施工技术规范(07992)	42.00
83			JTG/T F60—2009	公路隧道施工技术细则(07991)	58.00
84		交通	JTG F71—2006	★公路交通安全设施施工技术规范(0976)	20.00
85			JTG/T F72—2011	公路隧道交通工程与附属设施施工技术规范(09509)	35.00
86	质检安全	JTG F80/1—2004	公路工程质量检验评定标准 第一册 土建工程(05327)	46.00
87		JTG F80/2—2004	公路工程质量检验评定标准 第二册 机电工程(05325)	26.00
88		JTG G10—2016	公路工程施工监理规范(13275)	40.00
89		JTG F90—2015	★公路工程施工安全技术规范(12138)	68.00
90	养护管理	JTG H10—2009	公路养护技术规范(08071)	49.00
91		JTJ 073.1—2001	公路水泥混凝土路面养护技术规范(0520)	12.00
92		JTJ 073.2—2001	公路沥青路面养护技术规范(0551)	13.00
93		JTG H11—2004	公路桥涵养护规范(05025)	30.00
94		JTG H12—2015	公路隧道养护技术规范(12062)	60.00
95		JTG H20—2007	公路技术状况评定标准(13399)	25.00
96		JTG/T H21—2011	★公路桥梁技术状况评定标准(09324)	46.00
97		JTG H30—2015	公路养护安全作业规程(12234)	90.00
98		JTG H40—2002	公路养护工程预算编制导则(0641)	9.00
99	加固设计与施工	JTG/T J21—2011	公路桥梁承载能力检测评定规程(09480)	20.00
100		JTG/T J21-01—2015	公路桥梁荷载试验规程(12751)	40.00
101		JTG/T J22—2008	公路桥梁加固设计规范(07380)	52.00
102		JTG/T J23—2008	公路桥梁加固施工技术规范(07378)	30.00
103	改扩建	JTG/T L11—2014	高速公路改扩建设计细则(11998)	45.00
104		JTG/T L80—2014	高速公路改扩建交通工程及沿线设施设计细则(11999)	30.00
105	造价	JTG M20—2011	公路工程基本建设项目投资估算编制办法(09557)	30.00
106		JTG/T M21—2011	公路工程估算指标(09531)	110.00
1	技术指南	交公便字〔2006〕02号	公路工程水泥混凝土外加剂与掺合料应用技术指南(0925)	50.00
2		厅公路字〔2006〕418号	公路安全保障工程实施技术指南(1034)	40.00
3		交公便字〔2009〕145号	公路交通标志和标线设置手册(07990)	165.00

注：JTG——公路工程行业标准体系；JTG/T——公路工程行业推荐性标准体系；JTJ——仍在执行的公路工程原行业标准体系。
批发业务电话：010-59757973；零售业务电话：010-85285659(北京)；网上书店电话：010-59757908；业务咨询电话：010-85285922。带"★"的表示有勘误，详见中国交通运输标准服务平台 www.yuetong.cn/bzfw。